남도 명량의 기억을 걷다

남도 명량의 기억을 걷다

초판 1쇄 인쇄 2024년 3월 18일
초판 1쇄 발행 2024년 3월 29일

지은이 이돈삼
드론사진 이우철
펴낸이 김승희
펴낸곳 도서출판 살림터

기획 정광일
편집 송승호·조현주
디자인 유나의숲

인쇄·제본 (주)신화프린팅
종이 (주)명동지류

주소 서울시 양천구 목동동로 293, 2215-1호
전화 02-3141-6553
팩스 02-3141-6555

출판등록 2008년 3월 18일 제313-1990-12호
이메일 gwang80@hanmail.net
블로그 http://blog.naver.com/dkffk1020

ISBN 979-11-5930-278-7(03910)

남도
명량의
기억을
걷다

이순신
'조선수군 재건로'
44일의 여정

이돈삼 지음

알림터

차례

1. 이순신은 어디서 뭘 하고 있었나?

2. 조선수군 재건, 절체절명의 순간에 서다

1597년 8월 3일, 진주·하동·구례

3. 섬진강변 따라 숨 가쁘게 달려 곡성·옥과로

1597년 8월 4일, 곡성

옛사람 만나고
이야기 나누며, 그 시절로 시간여행을

_김영록/ 전라남도지사

　우리를 경이로운 역사 여행길로 초대해 줄『남도 명량의 기억을 걷다』발간을 200만 전남도민과 함께 진심으로 축하드립니다.

　이순신은 우리가 가장 존경하는 인물입니다. 그는 어떠한 고난에도 굴하지 않고 나라와 백성을 구하겠다는 일념으로 목숨 바쳐 싸웠습니다. 특히 명량대첩에서는 뛰어난 전술과 리더십이 빛을 발했습니다. 백의종군하다 삼도수군통제사로 다시 기용돼 조선수군을 재건하여 울돌목에서 압도적 승리를 거뒀습니다.

　그 역사적인 무대가 바로 의향(義鄕) 전남입니다. 이순신과 함께 명량대첩에 참전한 전남 의병은 전투의 한복판에서 용감히 싸웠습니다. 일본군에 맞설 무기와 군량미도 전남 땅에서 구했습니다. '득량(得糧)'이란 지명도 여기서 유래했습니다.

　이 책은 400여 년을 거슬러 명량에서의 치열했던 순간들을 담고 있습니다. 저자 이돈삼은 전남도청에서 일하며, 도내의 다채로운 소

7

식을 전하고 있습니다. 그는 틈나는 대로 발품 팔아 남도의 자연과 사람을 만나고, 유구한 역사와 문화에 눈을 맞춰 왔습니다. 그의 발걸음엔 남도사랑이 짙게 배어 있습니다.

정유재란 당시 조선 수군의 재건 노정을 따라간 것도 결코 우연이 아닙니다. 이순신 장군의 발자취를 따르며 장군의 숨결을 느끼고, 때로는 그의 탄식과 설움에 겨운 울음소리도 들었을 것입니다.

이 책에는 남도의 역사와 문화의 자취가 사진과 잘 어우러져 있습니다. 누구나 부담 없이 볼 수 있습니다. 책장을 넘기다 보면, 어느새 남도 호국정신의 중심에 서게 될 것입니다. 때로는 이순신 장군을 따르는 군사가 되고, 장군을 응원하는 백성이 돼 있는 자신을 발견할 것입니다.

남도의 따사로운 햇살이 발걸음도 붙잡을 것입니다. 저자가 조곤조곤 들려주는 이야기에 끌려 고샅을 싸목싸목 거닐게도 해줄 것입니다. 그럴 때면 한적한 시골집 처마 밑에서 잠깐 쉬어가는 것도 좋겠습니다.

그렇게 옛사람을 만나고, 이야기를 나누며, 그 시절 그곳으로 시간여행의 동반자가 되어 주는 책이 『남도 명량의 기억을 걷다』입니다.

많은 독자분이 이순신 장군과 호남 사람들 이야기는 물론 남도의 문화와 유적에 스민 선인들의 숨결과 정신까지 고이 품어주시길 바랍니다.

전라남도는 이순신 장군의 충혼이 서린 자랑스러운 유산과 문화를 잘 보존하고 가꿔가겠습니다. 발간을 거듭 축하드리며, 이 책을 통해 이순신 장군과 전남의 의로운 정신이 널리 알려지기를 기대합니다.

이 시대의 『난중일기』에
비견될 만한 이야기

_노기욱 / 전라남도이순신연구소 소장, 문화재학 박사

이돈삼 기자가 펴낸 『남도 명량의 기억을 걷다』는 오늘을 사는 우리에게 이순신 장군과의 잔잔한 동행을 전하고 있다. 이 책에는 이순신 장군의 비밀주머니가 들어있다. 『삼국지연의』보다 더 소상하게 이순신의 숨은 사실을 알려준다. 이순신 장군과 호남의병들이 전장에서 수군을 부활시키는 모습이 책장을 넘길 때마다 가까이서 펼쳐진다.

평소 내가 본 이돈삼 기자는 부지런하고 열정적이다. 명량 밤바다에서 고뇌하는 이순신의 모습을 승리의 메시지로 그려낸 인물이다. 그 열정으로 이순신 장군의 자취를 캐낸 것이다.

이돈삼 기자는 구례에서 봄과 가을, 여름과 겨울을 번갈아 가며 섬진강변을 걸었다. 산수유 노란 꽃망울이 터지는 그때마다 걸었다. 그래서 『남도 명량의 기억을 걷다』에서는 이순신과 호남의병의 생생한 자취들로 장·절을 잇고 있다.

오일장에서 다슬기 수제비 식당에 이르기까지 숨 가쁜 삶의 여운도 고스란히 담았다. 이순신 장군이 "오늘 이른 아침을 먹었다. 압록에서 점심을 먹었다."라고 하신 말씀을 그대로 그려낸 것이라 하겠다.

이돈삼 기자는 구례에서 명량에 이르는 여정에서 놓쳐서는 안 되는 곳들을 차근차근 짚어주며 시간여행을 주창(主唱)한다.

삼도수군통제사 재임명 교지를 받은 이순신은 구례에 들렀다. 석주관(石柱關)에서 복병장 유해(柳海)를 만났다. 얼마나 반가웠는지 하루가 지난다. 현청에서 현감 이원춘(李元春)과 예부터 세의(世誼)가 깊은 손인필(孫仁弼)과 그의 아들 손응남(孫應男) 등도 만났다. 이후 곡성현청에서 옥과현청으로 북상한다. 그의 병력은 황대중(黃大中)을 비롯하여 군관 9명과 병사 6명이다.

이순신은 석곡 강정(江亭), 창촌 부유창(富有倉)을 거쳐 순천부에 이르렀다. 벌교를 지나 조양창(兆陽倉)에 이르러 군량을 얻었다. 그날 밤 김안도(金安道)의 집에서 자고 박곡 양산원(梁山元)의 집으로 갔다.

그는 여러 통의 장계를 올리고 보성 열선루(列仙樓)로 갔다. '금신전선상유십이(今臣戰船尙有十二)' 장계를 올렸다. 정유년 8월 16일 비 내리는 밤을 보성 열선루에서 보냈다. 군청 무기를 마차에 싣고 백사정을 거처 군영구미로 향하였다. 다시 회령포에서 이진으로, 어란에서 벽파진에 이르고 우수영으로 들어갔다. 의선(疑船) 100여 척이 후방을 막고 조선수군 13척이 명량으로 나아가 적들과 맞서 싸웠다.

'필사즉생 필생즉사(必死則生 必生則死)'의 명량대첩을 생생하게 풀어 쓴 이 책은 이 시대의 『난중일기』에 비견될 만하다.

생각은,
알고 있는 만큼 발원한다

_박상대/ 월간 《여행스케치》 발행인, 여행작가

'조선수군 재건로'. 이름만 되뇌어도 우리는 생생하게 떠올릴 수 있다. 이순신 장군이 모함으로 감옥에 갇혔다가 백의종군한 후 다시 삼도수군통제사가 되고, 조선수군을 재정비하여 명량대첩에서 왜군을 물리친 역사적인 사건 말이다.

우리는 학창시절 이 이야기를 배웠고, 우리 역사의 한 페이지로 기억한다. 이돈삼은 이 길이 결코 짧지 않고, 그 시간과 공간에 무수히 많은 사건이 있었음을 이야기한다.

전라남도는 일찍이 '조선수군 재건로'가 지나가는 고장마다 기념비적인 자취를 생생하게 전하고 있다. 더러는 이정표를 세우고, 더러는 역사유적을 복원해 놓고, 선열들의 넋을 달래거나 숭고한 희생정신을 기린다.

그런 유서 깊은 길을 오가고 또 오간 이돈삼 작가가 살짝 부럽다.

이 책에는 참 많은 이야기가 담겨 있다. 무엇보다 당시 조정의 무기력한 모습, 여러 고을과 사람들, 특히 이순신 장군을 도운 사람들의 이야기가 시선을 붙잡는다.

저자는 이순신 장군이 백의종군하면서 진주에 도착한 후 '전라좌도 수군질도사 겸 삼도수군통제사'란 이름으로 조신수군을 재건하고, 나아가 명량대첩을 승리로 이끌었던 우수영까지의 발자취를 따라 걷는다.

진주 손경례의 집에서 출발하여 하동을 거쳐 섬진강 줄기를 따라 오르다가 섬진강 상류 구례에 이른다. 그 길에는 400년도 더 지난 옛날 사람들의 흔적이 남아 있는 곳도 있고, 전설만 남아 있는 곳도 있다.

이돈삼은 남도 출신 스토리텔러. 전라남도 구석구석을 다니며 사진을 찍고 글을 써서 여러 매체에 발표하는데, 사진과 글에 재미있는 이야기를 담고 있다.

나는 여행기자나 여행작가에게 "여행기에는 흥미로운 이야기를 담아야 한다"고 말한다. 이돈삼의 여행기는 재미있고 유익함도 가득하다. 특히 역사 현장을 소개할 때 생동감 있게 이야기를 풀어준다. 이 책에서도 역사적인 사실과 현장을 잘 다루고 있다.

우리는 여행하는 동안 아름다운 자연과 함께 많은 사람을 만난다. 살아 있는 사람들과 말을 섞고, 죽은 사람들과 생각을 섞게 된다. 그 생각은 자신이 알고 있는 분량만큼 발원한다.

이순신 장군이 걸었던 이 길을 저자는 수차례 답사했다. 남다른 열정 가득한 그의 발걸음 수만큼 많은 사람이 이 책을 읽으면 좋겠다.

구국의 길,
조선수군 재건로를 기억하다

_김남철/ 전남교육연구소 운영위원장

풍전등화 백척간두 조선을 죽음으로 지켜낸 영웅 이순신. 그가 조선수군을 재건하기 위해 걸었던 조선수군 재건로. 우리는 그 길을 구국의 길이라고 한다.

이순신이 걸었던 남해 500여 킬로미터의 긴 여정은 고통과 인내의 길이다. 진주와 하동을 거쳐 구례에서 시작하여 곡성, 순천, 보성, 장흥, 해남으로 이어졌다. 구례 석주관에서 구례현, 압록, 곡성현, 옥과현, 석곡강정, 부유창, 접치, 순천부, 낙안군을 거쳐 보성 조양창, 김안도의 집, 양산항의 집, 보성군청 열선루, 백사정, 군영구미에 이어 장흥 회령포, 해남 이진과 어란, 진도 벽파진, 다시 해남 우수영으로 이어지는 여정이다.

당시에는 산과 강과 하천을 따라 걷거나 말을 타고 이동했다. 지금처럼 포장된 도로가 아닐뿐더러, 다리가 없고 강줄기를 따라 이동하는 쉽지 않은 길이었다. 일본의 재침(再侵) 앞에 마음이 조급했고, 함께하는 병사들의 군량미도 부족했을 것이다.

이런 극한상황에서도 의연하게 병사들을 추스르고 명량까지 이동하여 큰 승리를 거둔 이순신은 진정한 리더였다. 우리는 이순신의 지덕을 갖춘 리더십을 최고 지도자의 전형으로 꼽는다. 이 시대에도 가상 필요로 하는 지도자의 덕목이다.

이순신과 함께했던 남도 연해민의 협조와 참여 또한 간과해선 안 된다. 자발적으로 군대에 참여하고, 군량미를 지원하고, 또 전투에 참여하여 결사 항전했던 의병들은 이순신의 승리에 결정적인 역할을 했다. 남도의 많은 전쟁터에서 여러 형태로 구국의 길을 걸었던 남도인들의 의로운 투쟁을 결코 잊어서는 안 된다.

남도 문화의 전령사 역할을 다하는 이돈삼은 타고난 글솜씨와 입담을 갖춘 저자다. '남도민주평화길' 프로그램에서 함께했던 기회가 있어 지근에서 지켜본 적이 많다. 남도 곳곳을 답사하여 자료를 찾고, 사진 찍어 정리하고 기록하는 재주가 부러울 정도의 능력자다.

그 뜨거웠던 여름날 조선수군 재건로를 걸으며 느낀 경험과 그동안 축적해 둔 자료를 모아 멋진 남도 여행기를 출간하게 되니 기쁘기 그지없다. 꼼꼼하게 엮은 텍스트와 풍부한 사진 자료는 조선수군 재건로를 걷고 싶게 할 것이다. 이 책의 장점과 매력은 바로 여기에 있다. 하여, 일독을 강력히 추천한다.

자라나는 청소년들이 이 책과 함께 조선수군 재건로를 걸으며 구국과 나라사랑, 그리고 지역사랑을 가슴에 새길 수 있기 바란다.

'조선수군 재건로' 따라가는
첫발을 떼면서

1597년(선조 30) 7월 16일, 원균이 이끈 조선수군이 칠천량에서 일본 수군에게 대패했다. 상황의 심각성을 깨달은 조정에서는 백의종군하던 이순신을 삼도수군통제사(三道水軍統制使)로 다시 기용했다.

경상도 도원수 권율의 부대에 있던 이순신이 삼도수군통제사의 교서를 받은 것은 8월 3일(양력 9월 13일)이다.

백의종군의 형벌에서 벗어나 다시 삼도수군통제사가 된 이순신은 곧바로 구례로 향했다. 무너진 수군을 일으켜 세우는 데는 전라도가 최적지라고 봤기 때문이다.

순간의 판단이 아니었다. 이순신은 발포만호와 전라좌수사를 지내면서 지역 상황을 잘 알고 있었다. 백의종군하면서 구석구석까지도 소상히 봐 둔 터였다.

전쟁의 피해도 그때까지 전라도는 덜 봤다. 군사와 백성의 유대도 깊었다. 그를 따르던 군관도 상대적으로 많은 곳이 전라도였다.

섬진강과 남도대교. 이순신 '조선수군 재건로'를 따라가는 남도여행의 하동 구간이다.

　삼도수군통제사 이순신의 조선수군 재건은 황대중 등 군관 9명과 병사 6명으로 시작됐다. 일본군이 뒤쫓아 오는 긴박한 상황에서 군사와 군기, 군량, 군선을 복원하는 과정이었다.

　진주와 하동을 거쳐 구례에서 시작된 이순신의 조선수군 재건 과정은 곡성, 순천, 보성, 장흥으로 이어졌다. 경상도와 전라도의 도계를 넘어 구례 석주관에서 구례현, 압록, 곡성현, 옥과현, 석곡강정, 부유창, 접치, 순천부, 낙안군을 거쳐 보성으로 간다. 조양창, 김안도의 집, 양산항의 집, 보성군청 열선루, 백사정, 군영구미가 보성에 속한다. 장흥 회령포, 해남 이진과 어란, 진도 벽파진, 다시 해남 우수영으로 이어지는 여정이다.

　이순신은 곡성에서 병사를 모으고 순천에선 무기와 대포, 화약 그리고 다양한 화살을 구했다. 보성에선 군량미를 다량 확보했다. 조정의 수군 철폐령에 맞서 '신에게는 아직 12척의 전선이 있사옵니다(금신전선 상유십이, 今臣戰船 尙有十二)'라는 내용의 장계를 써서 올린 곳도 보성이다.

　장흥에선 칠천량에서 살아남은 조선함대 12척을 인계받아 수군의 면모를 갖췄다. 삼도수군통제사로 임명돼 조선수군 재건에 나선 지 불과 보름 만이다.

이순신은 이렇게 재건한 조선수군으로 9월 16일 울돌목에서 세계 해전사에 길이 빛나는 명량대첩의 승리를 일궈냈다. 조정의 지원을 받기는커녕 수군철폐령까지 내려지는 악조건 속에서도 전라도에서 조선수군 재건에 성공한 결과다.

이 과정에서 전라도 백성이 열렬히 참여하고, 목숨까지 내놓았다. 장정들은 누가 시키지 않았는데도 병사로, 의병으로 참여했다. 백성은 자신과 식솔들이 굶는 상황에서도 식량을 모았다. 기르던 소를 내놓아 병사들의 사기를 북돋았다.

지역의 지리와 물길을 아는 백성은 이순신의 눈과 귀가 되어 앞길을 열었다. 어선이 있는 이들은 전함으로 위장해 조선함대의 후방을 지켰다. 방패막이를 자청한 것이다. 죽음을 무릅쓴 희생이었다.

전라도 백성의 희생은 '호남이 없었으면 국가도 없었을 것'이라는 이순신의 말, '약무호남 시무국가(若無湖南 是無國家)' 한마디로 정리된다. 그만큼 전라도 백성은 한마음 한뜻으로 이순신을 도와 나라를 위기에서 구해냈다. 명량에서 호남과 호남사람들이 조선을 구한 것이다.

삼도수군통제사 이순신이 전라도 백성과 이룬 조선수군 재건의 길을 따라간다. 내륙의 길은 내륙으로, 바닷길로 이동한 장흥 회진(회령포)에서 해남 이진과 어란진, 진도 벽파진으로 가는 길은 뭍에서 따라가며 조망했다. 회진에서 이진으로 가는 길은 강진 마량에서 고금도와 신지도, 완도를 거쳐 완도대교를 건넜다. 마량과 고금도는 고금대교, 고금도와 신지도는 장보고대교, 신지도와 완도는 신지대교로 연결돼 있다.

그 길에서 이순신과 조선수군의 거친 숨결을 느끼고, 때로는 탄식과 설움에 겨운 울음소리를 듣는다. 이순신과 함께한 의병의 이름을 부르고, 백성의 모습도 그려본다. 주변의 풍경과 문화는 덤이다.

길은 경남 진주에서 하동을 거쳐 전남 연해안 9개 시군을 연결하며 총연장 500여㎞에 이른다. 일본군과 진검 승부를 앞둔 정유재란 당시로 시간여행을 떠나는 '남도 이순신길-조선수군 재건로'다.

남도 이순신길
조선수군 재건로

광주

목포

열선루

강진

장흥

영랑생가

명량대첩비

다산초당

우수영관광지
녹진관광지

방촌마을

해남

소

망금산(진도타워)　벽파항

가우도

정남진전망대

정유재란순절묘역

회령포(회령진성)

왜덕산

고천암호생태공원

마모진성　선학동마을

진도

마량항　고금대교

이진진성

묘당도
약산도

어란진항

완도대교　고금도

장보고대교

완도

신지도

신지대교

땅끝마을

완도

곡성

함허정

구례

진주 원계리
(손경례의 집)

진주

녕청 터(설산정)

곡성군청

옥종

섬진강기차마을

조선수군출정공원

석주관 칠의사묘

구례읍행정복지센터

평사리

화개

구례구역

악양

횡천

면행정복지센터

하동

하동

능파정 터(석곡 강정)

주암면

광양

부유창 터(창촌)

학구삼거리

순천 팔마비

순천

순천부읍성(남문 터)

낙안읍성

태백산맥문학관

남해

양창 터(고내마을)

벌교역

여수

집(다전마을)

보성

득량역

율포해변

책사정(명교마을)

영구미(군학마을)

고흥

1.
이순신은
어디서
뭘 하고 있었나?

1597년 9월 16일(음력). 울돌목에서 조선함대와 일본함대가 맞닥뜨렸다. 전함 수는 조선수군 13척, 일본수군 133척이다. 전함 규모로 절대 열세였던 조선수군은 막강한 일본수군을 맞아 힘겨운 싸움을 하고 있었다.

초반의 전세는 조선수군이 크게 밀리며 불리하게 전개됐다. 해안에서 지켜보던 주민들은 발을 동동 구르며 안절부절못하고 애를 태웠다. 이른 아침에 시작된 전투는 해가 중천에 떠오를 때까지 계속됐다.

잠시 후, 전투 양상이 바뀌었다. 조선수군의 포격을 받은 일본전함 두세 척이 물속으로 가라앉았다. 몇몇 전함은 뱃머리를 돌리기 시작했다. 일본수군은 바닷속으로 고꾸라지고 내동댕이쳐졌다.

기세를 올린 조선수군의 맹렬한 공격이 계속됐다. 상황의 심각성을 깨달은 일본전함들이 줄행랑을 치기 시작했다. 조선수군은 일본전함의 뒤를 쫓으며 연달아 포를 쏘아댔다.

시간이 흘러 긴장이 누그러진 바다엔 조선전함만 남아 있었다. 조선전함 13척이 일본전함 133척을 물리친 순간이다. 불가사의한 일이

해상전투 재연(울돌목, 명량대첩 축제)

지만 완벽한 승리였다. 우리는 이날의 전투를 '명량대첩'이라 부른다.

이순신은 『난중일기』에서 이날의 승리를 '천행(天幸)'이라고 했다. 하지만 하늘이 준 행운으로만 여기기엔 설명이 부족하다. '천행'의 배경이 궁금해진다. 성웅 이순신이 있어서? 뛰어난 전략과 전술을 구사해서? 울돌목의 급한 물살을 잘 이용해서? 아니다.

명량대첩 직전의 전투가 칠천량 해전이다. 1597년(선조 30) 7월 16일, 원균이 이끈 조선수군이 칠천량에서 일본군에게 대패했다. 일본군은 칠천량에서 육군과 수군 합동작전으로 나왔다. 조선수군은 바다에서 일본수군에게 기습을 당했다.

조선수군은 전함을 버리고 뭍으로 올라갔다. 이번엔 뭍에 잠복해 있던 일본군이 막아섰다. 조선수군이 피할 곳이라곤 어디에도 없었다. 조선전함도 불에 타거나 부서졌다. 칠천량을 도망쳐 나온 12척을 빼곤 모두 사라졌다. 조선수군의 궤멸이다.

칠천량 해전은 임진왜란 때 바다에서 조선수군이 처음 패한 전투다. 첫 패배지만 피해는 너무나 컸다.

이 해전은 임진왜란의 큰 변곡점이 됐다. 바다에서의 우위가 일본군에게 넘어간 것이다. 조선은 바다를 장악하는 제해권(制海權)을 잃었다. 일본 입장에서 제해권 장악은 안정된 보급로의 확보를 의미했다.

그동안 일본군이 임진왜란에서 고전을 면치 못한 것은 바다를 통한 보급로를 확보하지 못한 탓이었다. 이순신이 이끈 조선수군에 의해 바닷길이 완벽하게 차단당했다.

이제 일본군이 전라도 해안을 거쳐 충청과 한양으로 올라가는 건 시간문제였다. 일본군 입장에서 해상 보급로 확보는 곧 전쟁 승리였다.

조선의 위기였다. 절체절명의 위기였다. 그러나 조정에선 마땅히 내놓을 대책이 없었다. 칠천량 해전 참패의 수습책을 묻는 선조의 말에 대신들은 묵묵부답이었다.

원균이 이끈 조선수군이 전멸당할 때, 우리의 이순신은 대체 어디서 뭘 하고 있었을까? 이순신은 순천부 관할의 권율 장군 휘하에서 백의종군하고 있었다.

이순신에게 다시 공을 세울 기회를

1592년 4월 13일, 일본군이 조선을 침략했다. 부산을 초토화시킨 일본군은 거침없이 북으로 달려 한양까지 함락시킨다. 부산에 발을 디딘 지 20일 만이다. 조선은 절체절명의 위기에 빠졌다.

전국 각지에서 백성이 자발적으로 들고 일어났다. 내 가족과 고장,

삶터를 지키는 의병이다. 의병들의 활동은 골골에서 들불처럼 번졌다. 명나라 군대도 합류했다.

전투 상황이 달라지기 시작했다. 명나라 군은 단숨에 평양성을 되찾았다. 행주산성에서도 조선군이 빛나는 승리를 거뒀다.

1593년 2차 진주성 전투 이후 명나라와 일본은 휴전하고 강화협상을 진행했다. 협상은 접점을 찾지 못한 채 시간을 끌다가 3년 반 만에 결렬됐다. 1596년 9월이다.

조선과 명의 사신이 각각 조정에 강화의 파국을 알렸다. 12월엔 비변사에서 '두세 달 뒤 일본이 다시 쳐들어올 우려가 있다'는 정세 분석을 선조에게 보고했다.

사실, 임진왜란 전까지 도요토미 히데요시(豊臣秀吉)에게 조선은 안중에도 없었다. 조선 왕을 볼모로 잡고, 조선군과 함께 명나라를 칠 생각이었다.

전쟁이 시작되자 현실은 달랐다. 조선 점령부터 쉽지 않았다. 한양을 접수했지만, 조선 왕이 없었다. 벌써 의주로 피난 간 뒤였다.

생각하지 않았던 의병도 들불처럼 일어나 막아섰다. 바닷길을 통한 보급도 이순신에 의해 막혔다. 병참기지인 전라도를 점령하지 못한 탓이 컸다.

도요토미 히데요시는 다시 대군을 일으킬 준비에 들어갔다. 고니시 유키나가(小西行長)는 이순신을 없애려는 음모를 꾸몄다.

바닷길을 가로막고 있는 이순신을 제거하고 전라도를 손에 넣기 위한 작전이었다. 2차 전쟁을 위한 사전 작업인 셈이다.

고니시 유키나가는 경상우병사 김응서에게 거짓 정보를 흘렸다. 조선수군의 즉각 대응을 그르치게 하려는 전략이었다. 허위정보 전달

해상전투 재연(울돌목, 명량대첩 축제)

은 '이중간첩' 요시라가 맡았다.

"가토 기요마사(加藤清正)가 이끄는 일본수군이 지금 대마도에 와 있습니다. 언제 부산으로 건너올지 모르는 상황입니다. 이순신으로 하여금 먼저 치도록 해야 합니다."

가토 기요마사의 이동 경로를 사전에 흘린 것이다. 그것도 거짓 정보를. 요즘 흔히 쓰는 표현으로 '가짜뉴스'다.

고니시와 가토는 회심의 미소를 지었다. 조선수군이 출동하면 자신들이 유리한 여건에서 싸워 이길 수 있기 때문이다. 설사 출동하지 않더라도 조선의 내분을 불러일으킬 수 있었다.

가토 기요마사의 이동 경로를 전달받은 조정에선 선제공격 방침을 정했다. 공격이 최선의 방어라는 판단에서다. 선조는 '부산포로 나아가 즉각 일본군을 물리칠 것'을 이순신에게 지시했다.

명령을 받은 이순신은 머뭇거렸다. 일본군의 속임수라는 걸 알고 있었다는 듯이…. 가토 기요마사가 언제 부산으로 선너올지도 알 수 없었다. 망망대해에서 일본수군을 선제공격하는 것도 애초 불가능한 일이었다.

부산포의 여건도 녹록지 않았다. 부산과 대마도 사이 바다는 파도가 높았다. 크고 작은 섬이 없어 함대를 숨겨둘 곳이 마땅치 않았다. 더욱이 부산 앞바다는 일본군의 전진기지였다. 임진년에 건너온 일본군이 아직껏 많이 머물고 있었다.

이순신은 임금의 명령을 대놓고 거부할 수도 없었다. 이순신은 부산 인근 바다까지 나아가 '무력시위'를 하고 돌아왔다.

이순신이 돌아간 뒤, 가토 기요마사와 고니시 유키나가가 이끈 일본수군이 부산포에 들어왔다. 또 한 차례의 전쟁이 시작된 것이다. 정유년에 다시 일어난 왜란, 정유재란(丁酉再亂)이다.

조정에선 이순신의 출동 거부를 문제 삼았다. 이순신의 '무력 시위' 소식도 접하지 못한 선조는 크게 화를 냈다.

선조와 대신들은, 이순신이 먼저 요격하지 않아 일본군이 바다를 건넜다고 목소리를 높였다. 명령을 따르지 않은 이순신을 파면하고 압송해야 한다는 조정 대신들의 목소리가 커졌다. 일본군의 간계가 먹힌 셈이다.

이순신 체포령이 내려졌다. 한산도에 있던 이순신이 압송돼 의금부에 갇혔다. 조정을 속이고 임금을 업신여겼다는 죄가 컸다. 민심이 멀어진 데다, 정통성이 약한 왕의 열등감이 작용한 것이다. 적을 쫓아서 치지 않고 나라를 등졌으며, 한없이 방자하고 남을 모함하기까지 했다는 이유도 포함됐다.

조정 분위기는 이순신에게 불리했다. 선조의 속내를 읽은 대신들이 이순신을 구하는 일에 소극적으로 일관했다. 그동안 이순신의 든든한 뒷배였던 류성룡마저 등을 돌렸다.

이순신은 꽁꽁 묶인 채 심문을 받았다. 갖은 고문도 가해졌다.

눈치를 살피며 속앓이를 하던 동인(東人)의 이순신 구명운동이 본격화됐다. 도체찰사 이원익이 목소리를 냈다.

"많은 장수 가운데 가장 쟁쟁하고 제일 훌륭한 장수가 이순신입니다. 왜적이 가장 꺼리는 바는 수군이니, 이순신을 체차(遞差, 다른 사람으로 바꾸는 일)해서는 안 됩니다. 통촉해 주시옵소서."

황신은 "일기도(壹岐島)에서 적관(赤關)까지 타고 돌아온 배가 이순신이 감독해 만든 배"라고 보고했다. 조정에서도 이순신의 배 만드는 기술을 익히 알고 있던 터였다.

의금부 앞에서는 정철, 정경달 등 수군들이 이순신의 방면(放免)을 건의했다. 판중추부사 정탁은 임금에게 상소(신구차, 伸救箚)를 올렸다.

"…참으로 장수의 재질이 있으며, 수륙전에서도 못하는 일이 없으므로 이런 인물은 쉽게 얻지 못할 것입니다. 이는 변방 백성이 촉망하는 바요, 왜적들도 무서워하고 있습니다. 만일 죄명이 엄중하다는 이유로 용서해 줄 수 없다 하고 큰 벌을 내리기까지 한다면 공이 있는 자도 더 내키지 않을 것이요, 능력 있는 자도 더 애쓰지 않을 것입니다. 바라옵건대 은혜로운 하명으로 문초를 덜어주셔서, 그로 하여금 공로를 세워 스스로 보람있게 하시는 것이 마땅한 줄 압니다."

정탁의 상소 요지는 '뒷날 다시 공을 세울 기회를 주자'는 것이었다. 군사상 기밀은 앉아서 헤아리기 어렵고, 이순신이 진격하지 않은 데는 그럴 만한 까닭이 없지 않을 거라는 이유였다.

정탁의 상소를 본 선조의 마음이 움직였다. 명나라와 일본의 강화

이순신 백의종군 노정도(구례군 산동면)

첫 산수유나무(구례군 산동면)

협상이 결렬되고, 전쟁이 다시 시작된 것도 큰 이유가 됐다.

이순신에게 백의종군 명령이 내려졌다. 백의종군은 아무 직위 없이 평범한 군인으로 전쟁에 참가해서 공을 세우라는 형벌이다. 1597년 4월 1일, 이순신이 파직당해 투옥된 지 27일 만이다. 한동안 끊겼던 이순신의 일기도 다시 쓰여지기 시작한다.

『조선왕조실록』에 언급된 백의종군 사례는 60여 차례에 이른다. 그 중에서도 우리는 '백의종군'을 생각하면 이순신을 먼저 떠올린다. 이 순신의 『난중일기』에도 백의종군 내용이 소상히 적혀 있다.

전남도와 경남도 등 지자체에서는 이를 역사·문화·관광 콘텐츠로 활용하고 있다. '이순신길-백의종군로'가 그것이다.

의금부에서 풀려나 아산 거쳐 남도로

이순신의 백의종군 시기는 의금부에서 풀려난 날부터 삼도수군통 제사로 다시 임명받기 전까지를 일컫는다. 4월 1일부터 25일까지는 경기와 충청·전북에서, 26일부터 5월 26일까지는 전남에서, 27일부터 8월 3일까지는 경남에서 이루어진다.

옥문을 나온 이순신은 오산, 평택을 거쳐 아산으로 갔다. 아산은 이순신에게 고향이나 다름없는 곳이다. 아산에서 머물던 어느 날 밤, 이순신은 불길한 꿈을 꾼다.

4월 11일. 새벽에 꿈을 꾸었는데, 몹시 번잡스러워 이루 다 말할 수 없 다. 무엇에 홀린 듯 마음을 가라앉힐 수 없으니 이 무슨 조짐일까. 병

환 중인 어머니를 생각하면 눈물이 절로 흘렀다. 종을 보내 어머니의
소식을 알아 오게 했다. _『난중일기』

소식을 알아보라고 보낸 하인이 어머니의 부음을 갖고 돌아왔다.
어머니 얼굴을 보기도 전에 별세 소식이 먼저 전해진 것이다.
어머니는 의금부에서 나온 아들을 직접 가서 보겠다고, 여수에서
배를 타고 올라오다 돌아가셨다는 것이다.

4월 16일. 영구를 상여에 싣고 집으로 돌아왔다. 슬픔으로 가슴이 찢
어지는 듯하여 무슨 말을 할 수 있을 것인가? 집에 이르러 빈소를 차
리고 나니 비가 크게 쏟아졌다. 기력이 다 빠진 데다, 남쪽으로 떠날
길이 급해서 소리 내어 울부짖었다. 빨리 죽기를 기다릴 따름이다.
_『난중일기』

이순신은 가슴을 치며 통곡했다. 파직됐다가 백의종군하는 죄인의
몸이기에 어머니 빈소에도 오래 머물 수 없었다.
이순신은 아산에서 천안, 공주, 논산을 거쳐 여산, 삼례, 전주로 내
려왔다. 지금의 1번 국도와 17번 국도로 이어지는 길이다. 전라선 철
길과도 상당 부분 궤를 같이한다.
이순신이 본 전주부 읍성은 사방 문루가 불에 탄 상태였다. 전쟁의
큰 상처가 고스란히 묻어났다.
이순신은 몸을 가누기조차 힘들었다. 의금부 투옥에 이은 모진 고
문과 백의종군, 게다가 어머니의 부음까지 더해져 더욱 지쳤다. 그럼에
도 가는 곳마다 지역 수령과 백성이 따뜻하게 맞이해 주어 새로운 희

(위) 구만저수지(구례군 광의면)
(아래) 이순신 백의종군 벽화(구례군 광의면)

망을 가실 수 있었나. 좌절을 떨치고 몸과 마음을 다잡기로 했다.

임실을 거쳐 남원에 온 이순신은 걸음을 재촉했다. 다음 목적지는 순천이다. 이순신은 섬진강변을 따라 구례를 거쳐 송치를 넘었다.

송치는 순천 바랑산 자락의 고갯길이다. 당시 송치에는 '송원(松院)'이 있었다. 지금은 흔적이 남아 있지 않다. 그 자리에 학구리 신촌마을회관이 자리한다.

송치를 넘은 이순신은 4월 27일 정원명의 집에 머물렀다. 정원명의 집터도 어딘지 알 수 없다. 그의 위패가 순천 옥계서원에 배향돼 있을 뿐이다.

도원수 권율이 군관을 통해 '몸이 피곤할 테니 기운을 회복하고 오라'는 소식을 전해왔다. 이순신은 백의종군하는 처지인데도 예의를 갖추고 편의를 봐주는 도원수가 고맙기만 했다.

도원수와 소통을 마친 이순신의 백의종군이 본궤도에 접어들었다. 이순신은 정사준, 이복남, 박홍로, 우치적, 이광 등 군관을 만났다. 정사준은 총통과 화약 개발에 일가견이 있었다.

이순신은 군관들로부터 전시 상황을 파악하고, 여러 가지 정보를 들었다. 전라좌수영과 한산도 상황도 세세히 전해 들었다. 병마사와 체찰사의 동선도 파악했다.

이순신은 백의종군 무대를 다시 구례로 옮겼다. 이순신이 구례에서 맨 먼저 만난 사람은 군자감 소속 손인필이다. 구례 사람 손인필은 군수품 조달과 군사를 모집하는 일을 맡고 있었다.

손인필은 이순신이 순천으로 가기 전날 만난 사람이기도 했다. 몇 달 뒤 삼도수군통제사로 다시 임명된 이순신이 조선수군 재건에 나서 구례에서 가장 먼저 만난 사람도 손인필이다.

이순신은 손인필로부터 병참과 관련한 동향을 들었다. 체찰사 이원익, 구례현감 이원춘도 만나 백의종군하는 군인의 예를 갖췄다. 이원익은 의금부에 갇힌 이순신의 구명에도 적극 나선 인물이다.

대화 주제는 자연스럽게 병참 물자 조달과 전쟁 승리 전략에 모아졌다.

체찰사와 헤어진 이순신은 발걸음을 초계로 향한다. 전장으로 달려가 군인의 역할을 다하기 위해서였다.

백의종군하던 이순신이 오간 구례와 순천 구간이 '남도 이순신길-백의종군로'로 이름 붙여져 있다. 구례 계척마을의 산수유 시목지에서 시작하는 길은 산동면과 광의면을 거쳐 손인필 비각이 있는 구례 조선수군 출정공원과 문척교로 이어진다. 순천에서 괴목시장, 황전면 행정복지센터, 송치, 학구마을, 팔마비를 지나 다시 구례로 와서 구례현청이 자리한 구례읍, 운조루, 석주관을 거쳐 하동으로 가는 여정이다. 겹치는 구간을 포함해 모두 119㎞에 이른다.

칠천량에서 조선수군 궤멸…제해권 상실

이순신의 경상도 지역 백의종군은 하동군 악양면 이정란의 집에서 시작한다. 이정란은 정유재란 때 '전주를 잃으면 나라를 보존하기 어렵다'며 전주성을 지킨 인물이다.

이순신은 덕천강을 건너 박호원의 일꾼 집에 머물렀다. 잠자리가 좋지 못했던 일꾼 집의 정확한 자리는 알 수 없다. 대사헌과 호조참판을 지낸 박호원의 재실이 산청과 진주의 접경지역에 있다. 남사예담촌에 있는 이사재(尼泗齋)가 그곳이다.

이순신이 산청 일원에서 백의종군하고 있을 때다. 7월 14일 조선수군과 일본수군의 정유재란 첫 전투가 벌어졌다. 조선수군의 모든 것을 투입한 출전이었다. 하지만 전투라기보다는 한밤중 기습을 받은 조선수군이 손 한번 써보지 못하고 당한 일방적인 패배였다. 칠천량 해전이다.

이에 앞선 6월, 의금부로 압송된 이순신의 뒤를 이어 제2대 삼도수군통제사가 된 원균은 100여 척의 전함을 이끌고 안골포와 가덕도에서 일본수군과 전투를 벌였다. 그러나 별다른 성과를 거두지 못한 채 회군했다.

조정에서는 부산으로 진격할 것을 종용했다. 조정 대신들의 요구에 떠밀린 원균은 조선함대 160여 척을 이끌고 부산 근해로 나아갔다. 거북선도 동원됐다.

일본전함은 조선함대를 피해 이리저리 도망 다녔다. 맞서 싸울 것처럼 하다가 도망가고, 또 도망가고를 되풀이했다.

일본군 첩보선의 꽁무니를 쫓아다니던 조선수군은 지쳐갔다. 원균

남사예담촌에서 본 이사재(산청군 단성면)

은 함대를 가덕도에 대도록 했다. 부족한 물과 식량을 보충하고, 수
군도 잠시 쉬게 하기 위해서였다.

조선수군이 긴장을 풀고 뭍으로 오르자, 숨죽이고 있던 일본육군
이 공격해 왔다. 조선수군 수백 명이 싸워보지도 못한 채 죽임을 당
했다.

원균은 허둥대던 수군을 독촉해 거제도 북쪽 영등포로 헐레벌떡

이동했다. 일본군은 영등포에도 매복하고 있었다. 군사들은 지쳐가고 사기도 땅에 떨어졌다. 물과 식량도 부족했다. 아군의 보급도 쉽지 않은 상황이었다.

자정을 넘겨서도 정박할 곳을 찾지 못한 조선수군 함대는 칠천량으로 이동했다. 칠천량은 가덕도와 한산도 사이의 바다를 가리킨다.

전라우수사 이억기 등 장수들은 한산도로 돌아갈 것을 제안했다. 원균은 아무런 성과 없이 돌아가고 싶지 않았다. 장수들은 칠천량이 위험하다고 주장했지만, 원균은 묵살했다.

장거리 이동을 한 데다 쫓고 쫓기는 상황에 지친 수군들이 쓰러지기 직전이었다. 새벽 4시께, 한밤중에 일본수군이 기습 공격을 해왔다. 이미 전함 수백 척으로 조선수군을 포위한 뒤였다.

조선수군은 오합지졸이었다. 일본군은 그동안 이순신에게 당한 보복이라도 하듯 칼을 휘두르고 조총 방아쇠를 당겼다. 일본군 총칼에 맞서 포 한번 제대로 쏴 보지도 못한 조선수군의 완패였다.

통제사 원균, 전라우수사 이억기, 충청수사 최호 등이 목숨을 잃었다. 이억기는 이순신이 가장 신뢰한 젊은 장수로, 이순신을 후원하며 구명(救命)하기도 했다.

판옥선과 거북선도 불에 타거나 침몰했다. 조선수군의 군량미와 화약, 총통 등 병참 물자도 잿더미로 변하고 바닷속으로 가라앉았다. 바닷물에 빠진 조선군사가 헤아릴 수 없이 많았다는 게 일본 측 기록이다.

임진왜란 기간 해상에서 벌어진 조선수군의 첫 패배였다. 패배를 넘어 조선수군의 궤멸이었다. 경상우수사 배설과 함께 도망친 일부 전함만 가까스로 살아남았다.

명나라와 일본의 휴전 교섭기간을 이용해 이전보다 더 보강한 조선수군이 격멸된 것이다. 7월 16일의 일이다.

조선수군의 궤멸 소식이 이순신에게 전해진 것은 칠천량 해전이 끝난 이틀 뒤다. 이덕필과 변홍달이 도원수 권율에게 보고한 자리에서다.

이순신은 치밀어 오르는 분노를 참을 수 없었다. 무적의 조선수군이 한순간에 사라져버렸다니, 믿을 수 없었다. 잘 훈련됐고 전투경험까지 지닌 수군과 장수도 유명을 달리했다. 무기도 다 물속으로 가라앉았다는 이야기에 울분을 억누를 수 없었다. 참담했다.

무엇보다도 제해권을 잃은 것이 뼈아팠다. 이제 일본군은 서해를 통해 전라도는 물론 충청도를 거쳐 한양으로 진격해 갈 것이기 때문이다. 조선의 운명이 '바람 앞의 등불' 신세였다.

그렇다고 낙담하고 있을 수도 없는 일이었다. 도원수는 "일이 이 지경으로 된 이상, 어떻게 할 수 없다."고 했다.

이순신은 "내가 연해안으로 가서 보고 들은 뒤 방책을 정하는 게 어떻겠는가?"라고 물었다. 도원수가 고개를 끄덕였다.

이순신은 송대립, 황대중, 류황, 윤선각, 방응원, 이희남 등 군관 9명, 병사 6명과 길을 나섰다. 초계를 출발한 이순신은 삼가현(합천), 단성현(산청), 옥종(하동), 곤양(사천)을 거쳐 노량(남해대교 북단)까지 돌아봤다.

노량에선 경상우수사 배설을 만나 패전 당시 정황을 소상히 들었다. 군사는 물론 백성도 울부짖지 않는 이가 없었다.

7월 22일, 조정에서는 이순신을 삼도수군통제사로 다시 임명한다. 이 사실을 알 리 없는 이순신은 예정대로 닷새 뒤, 진주에 있는 손경례의 집 사랑채에 봇짐을 풀었다.

손경례의 집은 정개산성 건너편에 있다. 지금의 경남 진주시 수곡

손경례의 집 터(진주시 수곡면)

이충무공 군사훈련 유적비(진주시 수곡면)

면 원계리다. 당시엔 마을에서 멀리 떨어진 산골 오지(奧地)였다.

이순신은 저녁나절에 냇가로 나가 군사를 점검했다. 진(陣)배미 유적이다. 진배미는 '진터', '논배미'로도 불린다. '이충무공 군사훈련 유적비'가 세워져 있다.

진배미 유적과 손경례의 집은 이순신의 마지막 백의종군 장소다.

2.
조선수군 재건,
절체절명의 순간에 서다

1597년 8월 3일, 진주·하동·구례

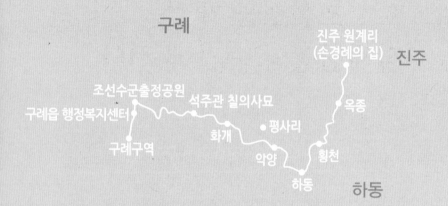

구례

진주 원계리
(손경례의 집)   진주

조선수군출정공원
구례읍 행정복지센터   석주관 칠의사묘   옥종

구례구역   화개   평사리

                         악양   횡천

                              하동   하동

1597년 8월 3일(양력 9월 13일) 진주 손경례의 집. 이순신이 진주목사 나정언 등과 방책을 숙의하고 있을 때였다. 아침 일찍 선전관 양호가 숨을 가쁘게 몰아쉬며 달려왔다. 그의 손에는 선조의 교서(敎書)와 유서(諭書)가 들려 있었다.

8월 3일. 이른 아침에 선전관 양호가 뜻밖의 교유서를 가지고 왔다.
명령은 곧 전라좌수사 겸 삼도수군통제사 임명이다. _『난중일기』

임금의 교서는 백의종군하던 이순신을 전라좌도 수군절도사 겸 삼도수군통제사로 다시 기용한다는 교지와 당부의 말이었다. 삼도는 전라·경상·충청도를 가리킨다.

칠천량에서 원균이 일본군에게 대패하면서 조선수군이 와해되자, 허둥대던 조정에서 내놓은 방책이었다. 막다른 상황에 처한 조정에서 다른 방법이 없었던 것이다.

파직한 이순신을 다시 부를 만큼 선조도 다급해진 것이다. 선조 스스로 자신의 잘못을 자책하는 모습까지 보였다.

지난번에 그대의 직책을 교체시키고, 그대로 하여금 죄를 이고 백의
종군토록 한 것은 나의 모책이 좋지 못했기 때문이다. 그 결과 오늘 이
런 패전의 욕됨을 만나게 된 것이니, 더 이상 무슨 말을 하리오! 더 이
상 무슨 말을 하리오!

_삼도수군통제사 임명 교서의 일부

임금의 교서는 진솔한 사과문이었다.

선조의 교서는 상황의 심각성을 깨달은 조정에서 이순신을 삼도수
군통제사로 다시 기용키로 하고 교지를 내린 지 11일 만에 전달됐다.

칠천량 해전 승리로 바다를 장악한 일본군의 기세는 거침이 없었
다. 밀양과 김해, 진해, 거제를 유린하고 전라도로 향했다. 연이어 남
원성과 전주성이 일본군에게 짓밟혔다. 일본군이 '조선사람 죽이기'
경쟁을 하며 코와 귀를 베어간 것도 이때다. 상황은 절망의 나락으로
빠져들고 있었다.

이순신은 밀려드는 일본군의 북상을 막고, 한편으로 조선수군을
재건해야 하는 절체절명의 순간에 선 것이다. 임금의 교서를 받고 잠
시 생각에 잠긴 이순신은 구례를 떠올렸다. 전라도로 가야겠다는 생
각이었다. 수중에 전함 한 척 없는 삼도수군통제사였지만, 전라도에
서 수군을 재건할 수 있으리라 판단한 것이다.

조선수군을 다시 일으켜 세우려면 병력과 병기, 군량, 전선 확보가
무엇보다 중요했다. 이순신은 군대의 전투력을 유지하고 작전을 지원
하는 병참은 전라도에서 확보할 수 있다고 생각했다.

이순신은 송대립, 황대중 등 군관 9명과 병사 6명을 대동하고 발걸
음을 재촉했다. 조선수군 재건의 첫걸음이었다. 진주에서 하동, 구례,

덕천강(진주시 수곡면, 하동군 옥종면)

곡성, 순천, 보성, 장흥, 해남, 진도로 이어지는 '남도 이순신길-조선수
군 재건로'의 출발이다. 명량대첩을 준비하는 길이기도 하다.

일본군이 언제 들이닥칠지 모르는 상황에서, 일본군의 추격을 피
하며 병참을 확보해야 할 이순신에게는 '희망'보다는 절망의 상황이었
다. 그럼에도 이순신은 희망을 버리지 않았다. 전라도에서, 전라도 백
성과 함께라면 충분히 가능하다고 판단했다.

백의종군하면서 구례와 순천 일대의 실상도 이미 파악했기 때문이
다. 평소 성격대로 유비무환이었다. 파직되기 전, 전라좌수사로 있으
면서 전라도 연해안의 상황도 속속들이 알고 있던 터였다.

원계마을 손경례의 집을 박차고 나온 이순신은 덕천강을 따라 달렸
다. 어려울 때마다 옆자리를 지킨 군관 황대중(1551~1597)도 함께했다.
이순신은 두 다리를 절고 있는 양건당 황대중에게 신경이 더 쓰였다.

'양건(兩蹇)'은 두 다리를 절뚝거린다는 말이다. 황대중의 다리 한쪽

은 부모에게, 다른 한쪽은 나라에 바쳐졌다. 학질에 걸린 어머니의 병환이 깊어지자, 자신의 왼쪽 허벅지 살을 떼어내 약으로 쓰도록 했다. 그 후유증으로 다리를 절게 됐다. 다른 한쪽은 한산도 인근에서 일본군의 총에 맞았다. 이순신은 황대중의 다리를 보고 '왼발은 효건(孝蹇)이고, 오른발은 충건(忠蹇)'이라고 했다.

임진왜란 초기, 황대중은 왕을 모시고 개성, 평양을 거쳐 의주까지 호위했다. 2차 진주성 전투에도 참가했다. 치열한 전투에서 황진이 전사하고 김천일, 최경회, 고종후 등 의병장들이 순절했다. 구사일생으로 살아남은 황대중은 이순신의 막하로 찾아왔다.

황대중은 며칠 뒤, 곡성 옥과에서 이순신과 헤어져 남원성 전투에 합류한다. 이복남이 이끄는 군사가 처절하게 싸웠으나 중과부적으로 버티지 못한다. 군사와 주민 1만여 명이 순절하는데, 황대중도 들어 있었다. 그의 말무덤이 전남 강진군 작천면 구상마을에 있다.

황대중과 함께 이순신이 건넌 덕천강은 지리산에서 발원한다. 진주와 하동의 경계를 짓기도 한다.

덕천강변에서는 딸기가 많이 생산된다. 수출도 많이 한다. 수곡 딸기는 육질이 단단한 편이다. 일주일씩 두고 먹을 수 있을 만큼 저장성이 좋다.

수곡면 원계리에 딸기 조형물이 세워져 있다. 스테인리스를 이용한 작은 하트 모형 수십 개를 이어 입체적으로 만들었다. 조형물은 가로 1.6m, 높이 4m에 이른다. 경관조명이 설치돼 밤에도 눈에 띈다.

이순신은 단숨에 덕천강을 건너 하동으로 갔다. 옥종면에 강정(江亭)이 있다. 강을 사이에 두고 손경례의 집과 마주하는 곳이다.

강정은 이순신이 백의종군할 때도 들렀던 곳이다. 칠천량 해전 패

딸기 재배 하우스와 조형물(진주시 수곡면)

배 소식을 접한 이순신이 '대책을 찾아보겠다'며 합천 율곡에서 나왔을 때, 군관들과 강정에서 잠깐 쉬며 대책을 숙의했다.

소나무와 작은 정자가 어우러진 강정은 1970년대 중반까지 나루였다. 지금 나루 흔적은 사라지고 없다. 대신 다리가 놓여 있다. 백의종군로 안내 표지판도 세워져 있다.

덕천강변을 따라가던 길은 이제 산길로 접어든다. 지리산의 한 줄기인 이명산 황토재와 공들임재를 넘어 황보역 터로 이어진다.

황보역은 도성과 지방을 연결하는 공간으로, 당시 행정업무를 보던 곳이다. 군마를 관리하며 공문서 전달, 출장자 지원 등의 일을 맡아봤다. 벼슬아치들이 주로 이용했다.

이순신은 두치, 황천, 적량, 하동, 악양을 달려 단박에 경상도와 전라도의 접경을 넘었다. 지금의 하동에서 화개를 지나 구례 토지로 이어지는 섬진강변 길이다.

지리산과 섬진강을 휘돌아서 만나는 곳이 평사리 들판이다. 들녘

평사리 들녘(하동군 악양면)

소설 『토지』의 최참판댁(하동군 악양면)

화사별서(하동군 악양면)

에 선 소나무 두 그루가 발길을 멈춰 세운다. 이름하여 '부부송'이다. 수석과 분재가 어우러진 동정호 지방정원도 멋스럽다.

평사리는 악양면과 하동군을 대표한다. 박경리의 소설 《토지》의 배경이 된 곳이다. 소설은 구한말과 일제강점 때 몰락해가는 양반 최참판을 중심으로 펼쳐지는 가족사와 민족사를 다룬다.

소설을 원작으로 한 텔레비전 드라마도 인기를 얻었다. 하동군은 소설에 나오는 최참판과 등장인물이 살았던 집을 복원해 관광지로 만들었다. 2016년엔 박경리문학관도 만들었다.

평사리에서 가까운 상신마을에 화사별서(花史別墅)도 있다. 화사 조재희(1861~1941)가 자신의 회갑을 기념해 1921년에 지은 집이다. 소설 속 최참판댁의 모델이 된 집이다.

고택은 솟을대문과 연지, 사랑채와 안채, 대문채, 행랑채 등으로 이뤄져 있다. 네모난 연지 가운데 작은 섬을 만들어 전통 정원의 멋을 뽐낸다. 섬에는 아름드리 배롱나무가 서 있다.

구례현청 도착…성 안팎은 텅 비어 있고

이순신은 구례군 토지면의 석주관을 지나 잔수강변을 달렸다. 잔수강은 지금의 섬진강을 가리킨다.

전라도와 경상도를 연결하는 석주관성은 진주에서 구례, 남원을 향해 진격하는 일본군을 막을 수 있는 요충지였다. 고려 말 왜구가 섬진강을 통해 전라도와 내륙에 침입하는 것을 막기 위해 처음 성을 쌓았다.

임진왜란 때 전라도 방어사 곽영이 이곳에 다시 성을 쌓고, 구례현감 이원춘에게 방어토록 했다. 성벽 둘레 750m, 높이 1~1.5m 규모였다. 돌을 쌓고 흙으로 다졌다. 돌과 흙을 섞어 쌓기도 했다. 지금은

석주관(구례군 토지면)

대부분 훼손돼 사라지고, 일부 복원해 놓았다.

석주관은 정유재란 때 순절한 의사와 의병, 화엄사 출신 승의병을 추모하는 공간으로 쓰인다. 사적으로 지정돼 있다.

석주관 앞에는 당시 순절한 왕득인·왕의성 부자와 이정익, 한호성, 양응록, 고정철, 오종의 등 일곱 의사와 구례현감 이원춘의 무덤이 있다. 무덤 위쪽에 추모비도 세워져 있다.

> 나라를 위한 부름에(위국응모, 爲國應募)/ 승려인들 어찌 가리겠는가(승려하택, 僧侶何擇)/ 피가 흘러 내를 이루니(혈류성천, 血流成川)/ 푸른 물이 붉게 물들었다(위벽위적, 爲碧爲赤)// 임금 위해 몸을 버리는 것은(위주망신, 爲主忘身)/ 신하 된 이의 직분이다(여억지직, 輿億之職)/ 돌조각에 옛일을 새기니(편석추명, 片石追銘)/ 역사에 길이 남으리라(천추불륵, 千秋不泐)

섬진강은 전북 진안에서 발원해 남해로 흐른다. 총길이 212㎞에 이른다. 강줄기가 긴 만큼 구간마다 이름이 다르다. 유역의 지형과 경관에 따라 오원강, 운암강, 적성강, 순자강, 압록강, 잔수강, 악양강, 하동강 등으로 불렀다. 물결이 빛난다 하여 '찬수강'이라고도 했다.

잔수강은 구례와 순천 황전 사이 구간을 가리킨다. 이순신이 백의종군 길에 순천부로 오가며 건넌 강이다.

강변에 섬진강어류생태관이 있다. 버들치, 누치, 모래무지, 꺽지, 금강모치, 동사리, 납자루, 쏘가리, 송사리, 각시붕어…. 이름만으로도 정겨운 민물고기를 만날 수 있는 곳이다. 생태체험 학습장으로 제격이다.

명당 터로 널리 알려진 오미마을도 있다. 운조루의 옛 주인 류이주가 들어와 살면서 마을이 형성됐다. 마을의 첫 이름이 '오미동(五美洞)'이었다. 월명산, 지리산, 오봉산, 계족산, 섬진강 등 다섯 가지가 아름답다 하여 이름 붙였다.

이순신의 백의종군로와 지리산 둘레길 3코스(오미-방광, 12.3㎞)가 오미마을 앞을 지난다. 뒷산은 산림욕장으로 쓰인다. 힐링과 치유의 공간으로 좋다는 이곳은 도시민들의 귀촌 희망지 1순위로 꼽힌다.

나눔과 베풂, 요즘 말로 노블레스 오블리주(Nobless Oblige)의 본보기가 된 운조루가 이 마을에 있다.

옛날에 뒤주는 집안 깊숙한 곳에 뒀다. 하지만 운조루의 뒤주는 안채와 사랑채 사이에 두고, 뒤주에 '他人能解(타인능해)'라고 썼다. 다른 사람도 열 수 있고, 누구라도 쌀을 마음대로 가져가라는 뜻이다.

류이주는 뒤주에 해마다 30가마 넘는 쌀을 채웠다. 한해 수확량의

운조루(구례군 토지면)

2할이나 됐다. 주인이 쌀을 퍼주지도 않았다. 쌀을 가져가는 사람의 자존심까지 배려했다.

대문의 높은 문턱과 집안에 굴뚝도 없다. 누구나 쉽게 드나들도록 문턱을 만들지 않았다. 연기는 굴뚝 대신 건물 아래로 빠지게 했다. 연기가 굴뚝으로 빠지지 않는 탓에 집안 사람들이 고생하겠지만, 양반집에서 밥 짓는다고 연기를 피우지 않기 위해서다. 가난한 이웃을 위한 배려였다.

마을에 옛집 곡전재(穀田齋)도 있다. 타원 형태의 담장이 유난히 높다. 높이가 2.5m에 이른다. 여순사건과 한국전쟁 때는 주민들의 피난처로 쓰였다. 높은 담장 덕분이다. 곡전재는 하룻밤 묵으며 고택을 체험할 수 있는 집이다. 아무나 들어갈 수 있도록 문이 언제라도 열려 있다.

200년 된 옛집을 둘러싼 민간정원 쌍산재는 마산면 사도마을에 있

곡전재(구례군 토지면)

쌍산재(구례군 마산면)

다. 사랑채와 안채, 바깥채, 사당 그리고 장독대가 올망졸망하다. 비밀 정원으로 이어주는 대나무와 차나무 어우러진 길, 동백나무 터널이 멋스럽다. 곡식이 나지 않는 춘궁기에 어려움을 겪는 이웃을 위해 곡식을 채워둔, 안채에 딸린 나눔의 뒤주도 애틋한 옛집이다.

　　오산 꼭대기 절벽 위 암자 사성암(四聖庵)도 저만치 보인다. 암자에서 내려다보는 섬진강과 구례읍내 풍경이 아늑한 곳이다. 화엄사와 연곡사, 천은사, 문수사 등 지리산골에 오래된 절집도 많다.

　　섬진강과 지리산이 품은 빼어난 풍경을 만났는데도 이순신은 한눈을 팔 틈이 없었다. 바쁜 걸음에 초가을 더위마저 느껴졌지만, 강바람에 땀을 식힐 겨를도 없었다.

　　이순신에게는 한시라도 빨리 수군을 재건해야 한다는 중압감이 컸다. 일본군이 바로 뒤를 쫓아오고 있어 다급하기도 했다.

　　석주관성을 지난 이순신은 지금의 토지초등학교, 운조루, 용호정, 서시교를 따라 구례현청으로 달렸다. 이순신이 백의종군하며 지났던 길이다.

　　하지만 그때와는 상황이 완전히 달랐다. 백의종군 때는 구례에서 하동으로 갔지만, 이번에는 반대였다. 노정만 바뀐 게 아니다. 백의종군에서 벗어나 이제는 삼도수군통제사로 수군을 재건해야 하는 처지다.

　　이순신은 단숨에 구례현청에 도착했다. 성 안팎이 텅 비어 있었다.

　　8월 3일. 저물어서 구례현에 이르니, 일대가 온통 쓸쓸했다. 성 북문 밖에 전날의 주인집으로 가서 잠을 잤다. 주인은 이미 산골로 피난 갔다고 했다. _『난중일기』

일본군이 다시 몰려온다는 소문을 들은 구례 사람들은 벌써 산속으로 숨어든 뒤였다. 이순신은 백성의 마음을 충분히 헤아릴 수 있었다. 무자비한 일본군을 당해낼 방법이 그들에게는 없었기 때문이다.

구례읍성은 주산인 봉성산을 배경으로 동쪽에 자리했다. 읍성 북쪽으로 백련천이 흐르고 동쪽엔 서시천, 남쪽에는 섬진강이 흘러 천연의 해자 역할을 했다. 해자는 적의 침입을 막기 위해 성(城) 주위를 파 물을 채운 구덩이를 일컫는다.

구례읍성은 1531년(중종 26) 이전에 쌓은 것으로 추정된다. 평지와 산지를 아우르는 평산성으로 둘레 1350m, 높이 4m에 이르렀다. 안에는 객관, 봉서루, 봉서헌 등의 구조물이 있었다. 우물과 샘도 9개 있었다고 전한다.

읍성 북문 근처에 북문통 마을, 바깥쪽엔 북문밖 마을이 있었다. 백의종군하던 이순신은 4월 26일 북문을 통해 현청에 들어왔고, 북문 밖 손인필의 집에서 묵었다.

읍성은 임진왜란 때 일본군에 의해 무너졌다. 백성들도 도륙당했다. 정유재란 땐 이원춘 현감이 남원으로 철수하면서 청야전술로 시설을 불태워버렸다.

명맥을 유지하던 읍성은 1895년 갑오개혁 때 폐성되고, 일제강점기 때 대부분 파괴됐다. 1926년 4월엔 마을에 큰불이 나 백련교에서 지금의 경찰서 사이에 있던 민가 300여 채가 완전히 불탔다. 화재 복구 과정에서 성돌이 건축재로 쓰였다. 남아있던 성벽도 광복 이후 근대화 과정에서 훼손돼 읍성의 흔적이 완전히 사라졌다.

당시 현청이 구례읍성 안에 있었다. 현청 자리엔 현재 구례읍 행정복지센터가 들어서 있다. 행정복지센터는 1936년에 들어섰다. 적벽돌

구례읍 행정복지센터와 왕버들나무(구례군 구례읍)

로 지은 건물이 등록문화재로 지정돼 있다.

이 일대가 옛 관아 터였음을 증거하는 노거수가 있다. 수령 500년 된 왕버들나무와 600년 된 참느릅나무 두 그루다.

왕버들나무는 키 20m, 둘레 4m에 이른다. 보통 나무와 달리 가지가 크게 벌어져 있다. 줄기는 비스듬히 자라고 있다.

'버들의 왕'답게 일반적인 버들의 가냘프고 연약한 이미지와는 사뭇 다르다. 운치 있고 멋스럽다. 나무 둥치도 굵고 깊게 파였다. 한눈에 봐도 세월의 더께가 켜켜이 묻어난다.

빨리 자라고 오래 사는 참느릅나무는 키가 18m와 14m, 둘레 3m와 2.5m에 이른다. 나무껍질이 작은 비늘처럼 떨어져 얼룩덜룩해 보인다. 잎 가장자리가 둔한 톱니 모양이다. 끝은 뾰족하다. 흙이 거의 없는 땅에서도 잘 자랄 만큼 생명력도 강하다.

수백 년 세월을 산 나무지만 자태가 의연하다. 왕버들나무와 참느
릅나무 노거수는 이순신이 백의종군할 때도, 조선수군 재건에 나선
날에도 묵묵히 지켜보며 응원했을 것이다. 이순신도 이 나무를 보며
큰 힘을 얻지 않았을까 싶다.

구례읍 행정복지센터 앞에 명협정도 복원돼 있다. 당시 현청에 있
던 모정이다. 이순신이 백의종군할 때 자주 들러 머물던 곳이다. 체
찰사 이원익과 나라의 앞날을 걱정하며 생각을 나누던 공간이기도
하다.

명협정(구례군 구례읍)

병참 물자 확보, 시간과의 싸움

　구례현청에 도착한 이순신은 맨 먼저 군관 손인필과 그의 아들 손응남을 만났다. 손인필은 곡식을, 손응남은 간식으로 감을 가져왔다. 갓 수확한 조생종 햇감이었다.

　이순신은 오늘날 구례 특산으로 자리 잡은 달짝지근한 감을 한입 베어 물며 원기를 되찾았다. 다시 결기를 가다듬며 전쟁에서의 달콤한 승리를 떠올렸다.

　군자감 소속 손인필은 아들과 함께 군수품 조달과 군사를 모집하는 일을 맡고 있었다. 구례 출신 손인필은 현지 사정에 매우 밝았다. 백의종군의 명을 받고 의금부에서 풀려나 내려오던 이순신을 밤재까지 달려와 맞아준 이도 그였다. 이순신도 어려울 때마다 따뜻하게 맞아준 손인필을 유별나게 아끼고 사랑했다.

　밤재는 남원과 구례의 경계를 짓는 고개다. 지금도 전남·북의 도계를 이룬다.

조선수군 출정공원에 세워진 조형물. 군관 9명과 병사 6명으로 시작된 이순신의 조선수군 재건을 형상화했다.(구례군 구례읍)

이순신은 손인필 부자, 이원춘 등과 함께 일본군을 물리칠 작전을 구상하며 밤을 지새웠다. 밤샘 회의에서는 내륙 깊숙이 자리한 옛 관아를 찾아 물자를 보충하고, 일본군의 추격을 피해 빠르게 이동하는 전략을 짰다.

일본군의 추격을 피하며 병참을 확보하는 일은 시간과의 싸움이었다. 매 순간이 긴박할 수밖에 없었다.

이순신은 손인필 부자 외에도 현감 이원춘, 석주관 복병장 류해로부터 첩보를 전해 들었다. 일본군의 진격 방향을 미리 알고, 다른 길을 찾아 이동하기 위해서였다. 그 시각 일본군은 남원성을 공략하고 전주성으로 쳐들어가기 위해 섬진강을 거슬러 북상하고 있었다.

이순신은 새벽녘이 다 돼서야 잘 곳을 찾아갔다. 잠자리는 구례읍성 북문 밖에 있었다. 자리에 누웠지만, 이순신은 쉬이 잠을 이룰 수 없었다. 재건할 수군과 병참 확보에 대한 생각이 머릿속에서 떠나지 않았다.

이순신은 '백성을 모아서 전장으로 함께 가겠다'는 손인필 부자의 말을 듣고서야 간신히 잠들었다. 다시 삼도수군통제사가 된 이순신이 구례에서 보낸 첫날 밤이었다.

손인필 비각과 조선수군 출정공원(구례군 구례읍)

손인필 생가는 구례읍 봉북리라고 전해진다. 그러나 흔적은 찾을 수 없다. 손인필 부자는 이순신과 함께 노량해전에 참전해 일본군을 무찌르다 순절했다. 조정에서도 이들의 충절을 기려 표창했다.

구례읍 봉북리 조선수군 출정공

원에 손인필 비각이 있다. 1963년에 후손들이 세웠다. 비각은 조선시대 다포계 건물의 모습이다.

구례에서 하룻밤을 보낸 이순신은 이튿날 이른 아침을 먹고 길을 나섰다. 마음은 벌써 섬진강변에 서 있었다.

일본군은 이날 지리산 피아골 주변 마을을 불태우며 구례로 내달리고 있었다. 며칠 뒤엔 이순신이 머문 구례읍성도 일본군에 의해 유

섬진강 대숲(구례군 구례읍)

린당한다. 성 안팎이 모두 폐허로 변한다. 그야말로 대재앙이었다.

이순신은 구례구와 유곡마을을 거쳐 압록으로 걸음을 재촉했다. 지금의 섬진강변 대나무숲을 보면서 가는 길이다.

섬진강변 대숲은 일제강점기 때 마을 주민이 심은 대나무가 숲을 이룬 것으로 알려져 있다. 사금 채취로 모래밭이 유실되자 이를 막으려고 심었다는 것이다.

이 대숲은 담양 대숲과는 또 다른 매력을 자랑한다. 강물을 따라 길게 이어지는 대숲에서 율동미가 느껴진다. 살랑이는 강바람에 가붓가붓 흔들리는 그네도 낭만적이다. 어둠이 내려앉은 대숲에선 불빛이 반짝인다. 무리 지어 날아다니는 반딧불이 같다.

3.
섬진강변 따라
숨 가쁘게 달려
곡성·옥과로

1597년 8월 4일, 곡성

곡성

함허정

옥과현청 터
(설산정)

곡성군청

섬진강
기차마을

석곡면행정복지센터

구례구역

능파정 터(석곡 강정)

구례에서 하룻밤을 보낸 이순신은 섬진강변을 따라 압록으로 방향을 잡았다. 군사들의 충원을 염두에 둔 노정이다.

이순신은 곡성으로 가는 길에 전라병마절도사 이복남의 부대와 만날 수 있으리라 기대했다. 이복남의 부대는 전주성을 지키기 위해 순천에서 남원으로 이동하고 있었다.

압록으로 가는 길에 만나는 구례구역은 전라선 압록역과 봉덕역 사이에 있다. 구례로 가는 길목에 있어 '구례구(求禮口)'로 이름 붙었다. 행정구역으로는 순천시 황전면에 속한다.

강 건너 섬진강책사랑방도 있다. 유유히 흐르는 섬진강을 마주한 책방이다. 강변의 모텔 건물을 고치고 단장해 책을 보는 공간으로 꾸몄다.

유곡마을은 섬진강을 마당처럼 거느린 마을이다.

구례구역(순천시 황전면)

마을에 돌담이 많아 '다무력마을'로 통한다. 산나물과 밤, 감, 약초 등이 많이 난다. 구례읍 계산리에 속한다.

이순신은 압록강변을 지나면서 현령 박대남에게 정찰 활동을 지시했다. 압록강은 강줄기를 따라 구간마다 이름을 달리한 섬진강의 다른 이름이다.

초가을 햇살을 받은 강물이 반짝였다. 강물이 '섬진강의 명물' 은어를 닮은 것 같았다. 강물은 쉬지 않고 느릿느릿 흘렀다.

이렇게 아름다운 산천을 일본군이 짓밟도록 그냥 둘 수 없는 일이었다. 이순신은 타고 있던 말의 고삐를 다잡았다.

이순신은 구례에서 압록까지 20리가 넘는 길을 한나절에 내달렸다. 압록강변에서 여장을 풀고 점심을 지어 먹었다. 강에서 잡은 메기와 은어, 쏘가리 그리고 참게 몇 마리를 시래기와 함께 국물에 넣었다. 국물이 얼큰하고 시원했다.

그 사이 고산현감 최진강이 교대 근무를 할 군졸 몇 명을 데리고 나타났다. 자연스레 그들을 수군에 합류시켰다. 강변에서 끼니를 때운 이순신은 곡성현으로 발걸음을 재촉했다.

구례와 경계를 이루는 압록은 보성강이 섬진강과 만나 몸을 섞는 지점이다. 두 물줄기가 만나 하나가 된 강물은 지리산을 품은 구례, 하동을 가로질러 광양 망덕포구에서 남해의 품에 안긴다.

당시 압록은 물산의 집산지였다. 사람도 많이 오갔다. 사람은 지금도 많이 지나다닌다. 섬진강변 드라이브를 즐기는 사람들이 많다. 참여정부 때 문화재청장을 지내기도 한 유홍준 교수가 『나의 문화유산 답사기』에서 최고의 드라이브 코스로 격찬한 길이다.

섬진강변을 오가는 증기기관 열차와 레일바이크를 타려는 사람들

섬진강과 압록마을(곡성군 죽곡면)

섬진강 레일바이크(곡성군 오곡면)

도 많다. 증기기관 열차는 가난해서 정겨웠고, 그래서 사람 사는 냄새 물씬 풍기던 그때 그 시절로 추억여행을 이끌어 준다.

'남도 이순신길-조선수군 재건로'는 압록에서부터 섬진강 둘레길을 이용한다. 섬진강변 17번 국도를 사이에 두고 강변과 마을길, 철길, 숲길을 번갈아 걷는 길이다.

압록마을에서 이정마을로 가는 길은 강변을 따라간다. 이정마을에서 가정마을까지는 폐선이 된 전라선 철길 위를 걷는다. 1933년부터 1999년까지 익산과 여수를 잇는 전라선 열차가 다니던 길이다.

증기기관 열차가 머무는 가정역에서부터는 숲길을 따라간다. 숲길에서 기적을 울리며 지나는 증기기관 열차도 만난다.

가정역은 섬진강 기차마을을 출발한 증기기관 열차가 머무는 곳이다. 섬진강 출렁다리를 건너면 강변 자전거도로와 만난다. 밤하늘의 별을 헤아릴 수 있는 섬진강천문대도 강변에 있다.

(위, 왼쪽) 섬진강변 도깨비공원 입구에 세워진
도깨비상(곡성군 고달면)
(위, 오른쪽) 섬진강 천문대(구례군 구례읍)
(가운데) 옛 줄배(곡성군 고달면)
(아래) 증기기관 열차(곡성군 오곡면)

송정마을에는 증기기관 열차가 달리는 철길과 17번 국도, 자전거 도로와 섬진강 풍경이 한눈에 들어오는 포토존이 만들어져 있다. 봄날이면 진분홍색 철쭉과 어우러져 황홀경을 연출하는 구간이다.

건너편으로 도깨비공원도 보인다. 마천목 장군과 섬진강 도깨비에 얽힌 전설을 토대로 만든 공원이다. 자기 키보다도 큰 도끼를 치켜든 거대한 도깨비상이 섬진강을 지키고 서 있다.

섬진강 여행의 낭만을 더해주던 줄배는 사라지고 없다. 줄배는 섬진강을 사이에 두고 침곡마을과 호곡마을을 이어줬다. 아무라도 나룻배에 몸을 싣고 줄을 당겨서 강을 건너는 배였다.

가까이에 섬진강 기차마을도 있다. 가정역까지 오가는 증기기관 열차를 타는 곳이다. 전라선 철도 개량공사 때 옮겨 간 옛 곡성역 터를 활용해 만들었다.

힘없고 가진 것 없는 백성이 무슨 죄인가?

섬진강변 따라 이순신이 곡성현청에 도착한 때는 오후 늦은 시각. 1413년(태종 13) 설치된 곡성현청 자리엔 지금은 곡성군청과 곡성성당이 있다. 아무리 둘러봐도 옛 현청 흔적을 찾을 수 없다. 세월의 무게가 느껴지는 노거수만 서 있을 뿐이다.

곡성성당은 1827년 정해박해의 진원지다. 정해박해는 을해박해 (1815)를 피해 숨어든 천주교 신도들을 다시 핍박한 사건이다. 당시 감옥 터에 성당이 세워졌다 해서 '옥터 성지'로 통한다.

이순신이 도착한 곡성현에는 적막이 감돌았다. 백성이 사는 여염

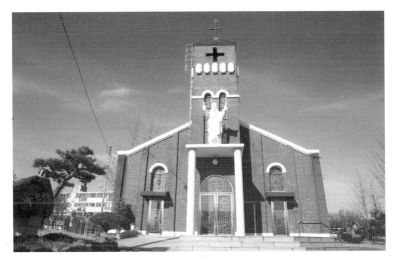

곡성성당(곡성군 곡성읍)

집들이 텅 비어 유령만 떠도는 듯했다. 일본군이 몰려온다는 소문에 모두 피난 간 것이다.

여염집만 빈 게 아니었다. 현청도 싸늘했다. 현감의 그림자도 보이지 않았다. 일본군의 공격에 대비해 주민을 분산시키는 소개령(疎開令)이 내려진 뒤였다. 말 그대로 무인지경이었다.

이순신은 하늘을 올려다봤다. 초가을 하늘이 유난히 높았다. 집 나가 오갈 데도 없이 산속에서 헤매며 굶주림에 시달리고, 밤 추위에 떨고 있을 백성이 떠올랐다. 눈물이 흘러내렸다.

그것도 잠시. 왕실의 피난 문제로 또다시 소용돌이칠 조정을 생각하니 가슴이 먹먹해졌다. 벼슬아치나 양반들은 그렇다 치고, 힘없고 가진 것 없는 백성이 짠하기만 했다.

텅 빈 현청에서 하룻밤을 보낸 이순신은 다음날 옥과현으로 향했다. 첩보에 의하면, 남원으로 올라가고 있는 이복남의 부대와 옥과에시 만날 깃 같았다. 이순신은 청계동 계곡을 따라갔다.

청계동은 곡성읍과 입면 사이로 흐르는 계곡이다. 물이 깨끗하고 소나무가 숲을 이뤄 여름 피서지로 각광받고 있다. 임진왜란 때 금산 전투에 참가했던 양대박 장군이 의병을 양성하고 활동한 곳이기도 하다.

청계동 계곡을 지난 이순신은 섬진강변의 함허정과 군지촌정사가 있는 입면을 거쳐 옥과현으로 향했다. 840번 지방도와 13번 국도를 번갈아 타는 길이다.

입면 제월리에서 만나는 함허정은 1543년(중종 38) 당대 문사 심광 형이 지역 유림들과 시단을 논하기 위해 세운 정자다. 심광형은 광양, 곡성 등지의 사학에서 교육업무를 관장하는 훈도를 지냈다. 당시 옥 과현감이 부임하면 꽃 피는 봄날 이곳으로 유생들을 불러 향약을 함 께 읽으며 즐기는 향음례를 베풀었다고 한다.

지척에 놓인 하마석(下馬石)으로 미뤄볼 때 당대 문사와 유림, 사대 부들이 자주 드나들었음을 짐작할 수 있다.

함허정 옆에 있는 군지촌정사는 심광형이 1535년(중종 30) 후학을 위 해 건립했다. 정사(精舍)는 주택을 교육용으로 이용한 개인의 서재나 사숙을 일컫는다.

함허정과 군지촌정사를 지나는 길에 이순신은 이틀 전 묵었던 구 례가 일본군에 유린당했다는 첩보를 듣는다. 그는 타고 있던 말의 고 삐를 다시 부여잡았다.

옥과 땅에 이르니 거리에 피난민이 가득했다. 시쳇말로 발 디딜 틈 이 없었다. 허기를 못 이겨 길가에 주저앉은 피난민도 보였다. 순천과 낙안, 구례에서 일본군을 피해 온 백성이 태반이었다.

섬진강변 함허정(곡성군 입면)

"사또가 다시 오셨으니, 우리는 이제 살았습니다." 이순신을 알아본 피난민들이 안도의 한숨과 함께 울음을 터뜨리며 말했다.

8월 5일. 옥과 땅에 이르니 피난민이 길에 가득 찼다. 남자와 여자가 서로 부축하고 걸어가는 모습을 차마 볼 수 없었다. 백성이 울면서 말하기를 '사또가 다시 오셨으니 이제야 살았다'고 했다. 길가에 있는 큰 홰나무 정자를 보고 말에서 내려 백성을 위로했다. _『난중일기』

도산사(곡성군 옥과면).
아래는 도산사 정려각

유팽로의 의병 활동을 표현한 벽화(곡성군 옥과면)

　피난민들은 회화나무 정자 앞에서 장사진을 이루었다. 이순신은 말에서 내려 백성의 어깨를 다독이며 위로했다. 눈물마저 말라버린 백성을 보며 이순신은 일본군에 대한 적개심으로 다시 끓어올랐다.

　이순신은 피난민들 사이를 간신히 비집고 들어가 옥과현청으로 향했다. 옥과현은 1413년(태종 13) 곡성현과 함께 설치됐다.

　10여 년 전까지 현청 자리엔 옥과면 행정복지센터가 있었다. 행정복지센터가 옮겨가고 지금은 설산정 공원으로 바뀌었다. 옥과 시외버스 정류장 맞은편이다. 한쪽에 전라관찰사와 옥과현감 등을 기리는 비석이 줄지어 서 있다. 옛 현청 터였음을 짐작게 하는 비석들이다.

　옥과에서 가까운 합강마을에는 임진왜란 때 일본군과 싸우다 전사한 월파 유팽로(1554~1592)의 체취가 남아 있다. 합강마을에서 태어난 유팽로는 임진왜란이 일어나자마자 전국에서 처음으로 의병을 일으켰다. 고경명, 양대박 등과 연합의병을 일으켜 금산에서 일본군과 싸우다가 전사했다. 39세의 짧은 생애였다.

마을에 유팽로의 충절과 부인의 열행(烈行) 정신을 기리는 사당 도산사(道山祠)가 있다. 마을 담장엔 유팽로의 의병 활동을 표현한 벽화가 있다. 당시 월파가 타던 말의 무덤 자리도 인근에 있다.

어디가 강이고 땅인지 분간할 순 없지만

이순신이 옥과현청으로 들어가는데, 그의 종사관이었던 정사준과 호위군관 출신의 정사립 형제가 마중을 나왔다. 임진왜란 초기부터 함께 해전을 누볐던 훈련원 판관 출신으로, 거북선 돌격장을 맡았던 이기남도 보였다. 순천에서 백의종군할 때도 함께했던 군관들이다.

정사준과 정사립은 물심양면으로 이순신을 도왔다. 정사준(1553~1599)은 조총 제작에 일가견이 있었다. 정사립(1564~?)은 이순신 옆에서 장계를 작성하는 최측근이었다. 또다른 형제 정사횡(1558~1635)은 군량미를 모으고 노량해전에도 참가했다. 형제는 순천 옥계서원에 배향돼 있다.

이순신은 옥과현감을 찾았다. 군량과 병기를 확보할 수 있는지 파악하는 게 무엇보다 급했기 때문이다. 이순신은 현감 홍요좌를 앞세워 곡식 창고와 병기고를 찾았다. 하지만 허탕이었다. 창고와 무기고는 이미 비어 있었다.

이복남의 부대에서 이탈한 병졸들을 만난 건 작은 수확이었다. 한 명의 군사라도 필요한 이순신에게 큰 힘이 됐다. 보성에서 온 이기남의 아들도 군관에 합류했다. 피난민 가운데 젊은 장정들도 군사로 참여해 함께 싸우겠다며 자발적으로 찾아왔다.

이순신은 "이제 우리는 안 죽을 것이다. 나는 대감을 따라가겠다." 며 결의를 다지는 장정들을 보며 눈시울이 뜨거워졌다.

이튿날 초저녁, 송대립이 정탐을 마치고 돌아왔다. 정사준과 정사립, 이기남, 홍요좌 등 함대를 지휘해 줄 경험 있는 군관들도 여럿 합류했다.

군관 9명과 병사 6명으로 시작한 이순신 휘하 병력이 구례와 곡성을 거쳐 옥과로 오는 사이 80여 명으로 늘었다. 이순신의 얼굴도 모처럼 뱅싯이 미소를 머금었다. 조선수군 재건을 위한 병력 확충이 이순신의 생각대로 진행되고 있다는 의미였다. 내륙으로 북상하며 병력을 충원하려던 계획이 맞아떨어진 결과였다. 옛 부하들의 적극적인 협력과 현지 백성의 자발적인 참여가 큰 몫을 했다.

그러나 전투를 맨몸으로만 할 수 없는 일이었다. 병기와 병참선 확보가 시급했다. 이순신은 송대립의 정탐 결과 보고를 토대로 진로를

목화밭(곡성군 겸면)

능파정 터(곡성군 석곡면)

정했다. 석곡을 거쳐 순천으로 가기로 마음먹었다.

이순신은 옥과현에서 하룻밤을 더 보내고 아침 일찍 길을 재촉했다. 어디에 일본군이 진을 치고 있는지 알 수 없어 이동이 자유롭지 못했다. 이 일대 지리에 익숙한 주민들의 의견을 들은 이순신은 보성강을 건너 순천 부유창으로 곧장 가는 길을 택했다.

이순신은 목화꽃과 다래가 지천인 겸면천을 따라 석곡으로 향했다. 가는 길에, 부대에서 도망쳐 나와 돌아다니는 병졸들을 만나 말 3필과 약간의 활, 화살을 빼앗았다.

순천부로 가는 길은 멀었다. 보성강 상류인 석곡 강정에서 하룻밤 쉬어 가기로 했다. 대황강변 능파정에서다.

능파정은 속마음까지도 알아주는 이순신의 오랜 친구 신대년이 학문을 연구하는 공간으로 지어 놓은 집이다. 강가에 자리하여 '강정(江亭)', 마을은 '강정마을'로 불렀다.

능파정은 지금 남아 있지 않다. 강변 바위에 터만 남아 있다. 당시 많은 묵객이 다녀간 흔적으로 남긴 글귀가 바위에 새겨져 있다.

가까운 석곡면 행정복지센터에는 그 시절 벼슬아치들의 공덕을 기리는 비석들이 세워져 있다.

이순신은 석곡에서 신대년을 만났다. 신대년은 왕건을 도와 고려를 세운 장절공 신숭겸의 후손이다. 신대년의 동생 신대수, 신대춘, 신대충, 신대림도 와서 이순신에게 갖가지 정보를 쏟아냈다. 주변 정황도 소상히 알려줬다. 이순신은 밤늦게까지 이들과 함께 일본군을 물리칠 계책을 논의했다.

능파정에서 잠을 자던 이순신의 꿈에 큰 황룡이 나타났다. 황룡이 '자기를 밟고 강을 건너 군사와 물자를 옮기라'고 했다.

잠에서 깬 이순신은 바로 길을 나섰다. 서둘러 보성강을 건너야겠다는 생각에서였다. 밖은 아직도 어두운 이른 새벽이었다.

강변의 새벽바람은 차가웠다. 초가을이지만 벌써 초겨울 같았다. 이순신은 갖고 있던 약간의 군량미를 배에 싣고, 군사들에게 빨리 타도록 독촉했다.

사방이 어두워서 어디가 강이고 땅인지 분간할 수 없을 지경이었다. 그렇다고 횃불을 밝힐 수도 없었다. 언제 어디서 일본군의 정탐꾼이 엿보고 있을지 모르기 때문이다.

4.
청야책에서
살아남은
병참창고를 찾아서

1597년 8월 8일, 순천

주암면

부유창 터(창촌)

학구삼거리

순천 팔마비

순천부읍성(남문 터)

순천

낙안읍성

이른 새벽 대곡나루에서 배를 타고 대황강을 건넌 이순신은 어둠 속을 달렸다. 창촌에 있는 부유창으로 방향을 잡았다.

이순신이 다음 목적지를 창촌으로 잡은 것은 이복남의 부대를 염두에 둔 행로였다. 정찰 활동을 다녀온 군관 이형립을 통해 이복남의 부대가 부유창으로 이동한 사실을 알고 있었기 때문이다.

석곡에서 주암으로 가는 길은 산과 들을 가로지른다. 지금의 27번 국도와 비슷하게 가는 길이다. 주암농공단지를 거쳐 주암면 소재지에서 왼편 순천, 벌교 방면으로 간다. 부유창 터는 창촌마을회관 인근에 있다.

창촌마을(순천시 주암면)

순천왜성(순천시 해룡면)

당시 창촌 부유창은 후방 병참 창고였다. 1598년 가을 조선·명나라 연합군이 고니시 유키나가가 이끄는 일본군과 순천 왜교성(왜성)에서 전투할 때도 후방 기지 역할을 했던 곳이다.

순천왜성은 전라도에 유일하게 남아 있는 왜성으로, 순천시 해룡면 신성리에 있다. 왜교성 전투가 벌어지기 1년 전, 일본군이 전라도 공격과 최후 방어기지로 삼기 위해 쌓았다. 조·명 연합군과 일본군이 여기서 격전을 벌였는데, 이 싸움이 왜교성 전투다. 노량해전과 함께 임진왜란 7년의 마지막 전투다.

조·명 연합군이 왜교성 전투 때 일본군을 정벌한 공을 기념한 그림도 전한다. 순천왜성 〈정왜기공도(征倭紀功圖)〉다. 당시 명나라군을 따라왔던 화가가 폭 30㎝, 길이 6.5m의 두루마리에 그렸다고 한다.

이순신과 함께 군관 송희립, 정운의 위패와 영정이 봉안된 충무사도 왜성 인근에 있다. 충무사는 임진왜란이 끝나고 100년 뒤에 지은

(위로부터) 〈정왜기공도〉, 충무사, 정유재란 평화공원(순천시 해룡면)

이순신 사당이다. 1943년 일제가 불 질러 없앤 것을 1947년에 다시 지었다.

송희립(1553~1623)은 형 송대립과 함께 이순신의 참모로 맹위를 떨쳤다. 왜란 초기에 "적을 토벌하는 데 전라도와 경상도가 따로 없다"며 경상도로의 출정을 강하게 주장했다.

이순신이 모함을 받아 한양으로 압송돼 고문받을 때도 그는 정경달, 정탁, 황대중과 함께 이순신의 무죄를 주장했다. 노량해전 땐 일본군의 총탄을 맞은 이순신을 대신해 북을 치며 전투를 독려했다. 임진왜란 7년 내내 이순신과 생사고락을 함께하며 보필한 인물이다.

송대립은 이순신과 함께 수군을 재건하며 일본군에 맞서 싸웠다. 동생 송정립도 노량해전에서 전사했다.

정운(1543~1592)도 송희립과 함께 경상도 지역 출정을 강력하게 주장했다. 옥포, 당포, 한산도 해전 승리에 기여했고 부산포 해전에서 전사했다. 정운의 전사 소식을 들은 이순신은 '오른팔을 잃었다'며 목놓아 울었다고 한다.

정운은 해남군 옥천면 충절사와 고흥군 도양읍 쌍충사에 제향돼 있다. 묘는 해남군 삼산면 오소재 자락에 있다.

고니시 유키나가가 순천왜성에 주둔한 것을 기리려고 일제강점기 때 일본군이 천수대에 세운 소서행장비도 있다. 광복 이후 주민들이 넘어뜨린 것을 2013년에 충무사 옆으로 옮겨 세웠다. 후대에 교훈으로 남기기 위해서다.

이순신이 들른 창촌마을엔 당시 관아와 환곡창고인 부유창(富有倉)이 있었다. 환곡은 나라에서 식량을 비축해 뒀다가 춘궁기 때 빌려주고 추수한 다음 되돌려 받는 곡물이다. 이른바 보릿고개를 넘기 위

부유창 터(순천시 주암면)

한 식량창고였다.

하지만 이순신은 여기서 군량미와 군수물자를 확보하지 못했다. 이른 새벽에 길을 나서 어둠을 뚫고 달려왔는데도 이복남의 부대보다 한발 늦었기 때문이다. 이복남이 남원성 사수 명령을 받고 철군하면서 군수창고에 불을 놓은 뒤였다.

조정에서는 당시 차선의 방어책으로 청야책(淸野策)을 시달했다. 퇴각할 때는 관군의 군기고와 식량창고를 모두 소각하는 전술이다. 청야책이 내려지면 백성은 가재도구와 곡식을 가까운 산성으로 옮겨야 했다. 옮길 수 없는 물건은 깊은 산중에 단단히 묻어 일본군이 활용하지 못하게 했다.

이순신은 불에 타버려 재만 남은 부유창을 보면서 참담했다. 이복남이 조금만 더 시간을 끌어주었으면 얼마나 좋았을까, 아쉬움이 짙게 남았다. 자신이 서둘러 한나절만 더 빨리 왔더라면 하는 생각도

들었다. 하지만 뒤늦은 후회였다. 다시 길을 재촉할 수밖에.

당시 부유창이 있던 터에는 현령비만 덩그러니 서 있다. 높이 150㎝가량 된다. 돌담이 줄지어 선 마을 한복판이다. 일제강점기에 주암면 행정복지센터가 있던 자리다.

여기에 '남도 이순신길-조선수군 재건로' 표지판이 세워져 있다. 그 날의 상황을 묘사한 이순신의 일기와 함께 불에 타는 군량미, 조선 군사들의 모습이 그려져 있다.

"자부심이지. 우리 마을에 이순신 장군이 다녀갔고, 또 우리 마을 이 그만큼 중요한 곳이었다는데."

보행보조기를 밀고 돌담길을 따라 지나가던 한 어르신의 말이다.

창촌마을은 순천시 주암면에 속한다. 조선시대에 사창이 있었다 하여 '창촌(倉村)'이다. 사창은 조선시대에 고을의 환곡(還穀)을 저장해 두던 곳이다. 창고가 있는 마을이라 한때 '창몰'로도 불렸다.

창촌마을은 아미산(587m)과 유치산(532m), 형제산(429m), 등학산(589m), 등계산(648m), 옥녀산(401m) 등 고만고만한 산으로 둘러싸여 있다. 지형이 작은 분지를 이룬다.

마을회관 뒤편에서 석불입상도 만난다. 옛날에 호랑이가 나타나 마을 사람들을 잡아가는 일이 빈번하자 풍수지리에 따라 세운 미륵불이다.

석불은 높이 150㎝, 어깨너비 50㎝ 남짓 된다. 고려 후기에 조각한 것으로 추정한다. 옛 문헌 『사탑고적고(寺塔古蹟攷)』에 '고려시대 사지'라고 적힌 것으로 미뤄, 인근에 절집이 있었다가 사라진 것으로 추정된다.

석불은 이목구비가 뚜렷하다. 무릎 아래는 땅속에 묻혀 있다. 석불

창촌마을과 석불입상(순천시 주암면)

앞에 넓은 돌판도 놓여 있다. 석불 옆에는 남근석처럼 생긴 돌도 세워져 있다. 석불이 토속적인 불교의식과 민간신앙의 대상물로 쓰였다는 반증이다.

마을에는 20여 가구 30여 명이 살고 있다. 주민은 대부분 벼농사를 짓는다. 논 가운데 우뚝 선 노거수와 정자도 멋스럽다. 주민과 마을을 오가는 사람들의 쉼터로 쓰인다.

다량의 활과 화살, 총통을 손에 넣고

창촌마을에서 나온 이순신은 가까운 순천부로 이동했다. 구치를 넘어 승주로 향했다. 구치는 주암에서 순천으로 가는 지름길에 있는 고개다. 지금의 주암면 행정리 접치마을을 지나는 22번 국도를 따라 가는 길이다.

접치(순천시 주암면)

이순신은 구치를 넘어 학구마을로 가면서 대열에 합류하지 않은 관리들에게 소집 전령을 보냈다. 전령을 받은 광양현감 구덕령, 나주 판관 원종의, 옥구군수 김희온, 조방장 배경남이 달려와 합류했다.

학구마을은 당시 승주와 순천, 구례가 만나는 거점이었다. 관리들이 쉬어 가는 객관 '송원(松院)'이 있었다. 이순신이 백의종군할 때도 들른 곳이다.

이순신은 군관과 병졸들을 이끌고 순천부로 향했다. 청소골 송치봉에서 발원한 서천과 동천을 따라갔다. 순천 시내를 가로질러 순천만으로 흐르는 동천은 지금 친환경 생태하천으로 정비됐다. 천변엔 자전거도로와 걷는 길이 잘 단장돼 있다.

이순신의 순천부 방문은 백의종군 하던 4월 27일 도원수 권율을 만나러 와서 17일 동안 머문 뒤 100여 일 만이었다. 이순신은 그땐 백의종군하던 죄인 몸이었기에 읍성 밖 정원명의 집에서 묵었다.

순천부에 있던 읍성은 돌로 쌓은 성이었다. 1430년(세종 12) 최윤덕이 동서남북 4개의 성문을 두고 둘레 1025m, 높이 3.6m로 쌓았다.

밖으로 돌출시켜 성을 지키는 데

팔마비(왼쪽)와 푸조나무 고목(순천시 영동)

긴요한 적대(敵臺)와 성 위에 낮게 쌓은 담인 여장(女墻), 해자도 설치
됐다. 성안에는 아사(衙舍), 객사, 내아, 공고, 형청, 양사재, 군기고, 진
휼창, 사령청, 관노청, 옥사 등 지방 행정을 담당했던 주요 시설이 있
었다.

읍성은 일제강점기 도시 개발과 성곽 철폐로 모두 사라졌다. 남문
인 연자루는 1930년에 없어졌다. 1978년 죽도봉에 복원됐다.

지금의 교보생명 건물은 1979년 건립돼 승주군청으로도 쓰였다.
읍성 성문이 있던 자리에 순천부 읍성 터였음을 알리는 표지석이 세
워져 있다.

최초의 선정비(善政碑)이자 정덕비(貞德碑)인 팔마비도 남문 터에 있
다. 팔마비는 고려 충렬왕 때 이곳 승평부사를 지낸 최석의 덕을 칭
송하기 위해 주민들이 세운 것이다.

『고려사』와 『신증동국여지승람』에 따르면 최석이 내직으로 전임하게 되자 당시 관례에 따라 고을 사람들이 말 여덟 마리를 바쳤는데, 그동안 낳은 새끼 말까지 더해 아홉 마리를 되돌려 보냈다고 한다. 이 일로 그때까지 내려오던 헌마(獻馬) 폐습이 없어졌다.

팔마비는 1308년(충렬왕 34) 처음 세웠다. 공민왕 14년에 고쳐 세웠고, 정유재란 때 훼손됐다. 순천부사 이수관이 1617년(광해군 9)에 다시 세웠다.

읍성 남문 터와 팔마비 앞으로 중앙시장이 들어서 있다. 패션 거리도 형성돼 있어 많은 사람이 오간다. 순천시는 이 일대에 순천역사관을 만들고 시민광장을 조성해 원도심의 재생 중심지로 만들어갈 계획이다.

읍성에 도착한 이순신이 군기고와 식량창고를 점검하려는데, 어디선가 까마귀와 까치 무리가 날아와 울부짖더니 창고 문짝에 부딪혔다. 이순신은 병졸에게 그 문을 열게 했다. 창고 문이 열리자 크고 작은 활과 화살이 쏟아져 나왔다. 화약도 보였다. 무기가 고스란히 보존돼 있었다.

> 8월 8일. 저물어서 순천에 이르니, 관사와 곳간의 곡식과 군기 등 물건은 옛날과 같았다. 장전(長箭)과 편전(片箭)은 군관들에게 나르게 하고, 총통 등 운반하기 어려운 것은 땅에 깊이 묻고 표를 세웠다.
> _『난중일기』

이순신의 눈빛이 빛났다. 안도의 한숨과 함께 기쁨이 밀려왔다. 이순신은 비교적 가벼운 활과 화살을 군관들에게 분배했다. 활과 화살을 챙긴 군관들이 환호했다. 군사들의 사기도 올랐다. 당장이라도 일본군을 향해 활시위를 당길 기세였다.

총통과 화포 같은 무거운 무기가 고민이었다. 앞으로도 계속 이동할 노정을 생각할 때 화포와 총통을 가져간다는 건 무리였다. 이순신은 화포와 총통을 따로 옮겨 땅에 묻어두게 했다. 일본군이 눈치채지 못하도록 표시도 해뒀다. 다음에 이곳에서 일본군과 마주치면 그때 써먹을 요량이었다.

이순신 앞에 승병 혜희가 나타났다. 혜희는 이순신에게 본영의 사정과 그동안의 이야기를 보고했다. 이미 정탐하고 온 송대립에게 들은 얘기지만, 그보다도 세세했다.

이순신은 혜희를 승병장으로 임명하고, 흩어진 승병을 다시 모으게 했다. 승려들의 용맹성을 익히 알고 있던 이순신은 이들이 전투에서 큰 역할을 할 것으로 기대했다.

읍성 부근에 있던 승병과 젊은 장정들이 속속 모여들었다. 그 수가 60여 명에 이르렀다. 역시 전라도 백성이었다. 나라가 위기에 처할 때마다 분연히 떨쳐 일어선 그들이다. 군관 9명과 병사 6명으로 시작한 군사들이 부쩍부쩍 늘고 있었다.

이순신의 예상이 맞아떨어져 갔다. 구례에서 곡성, 옥과, 석곡, 주암을 거쳐 순천으로 오면서 군사가 늘고 무기도 손에 넣게 된 것이다. 후방 병참기지에서 서서히 수군의 면모를 갖춰가고 있었다.

이순신은 순천부사가 있는 방에서 하룻밤을 묵었다. 진영을 갖춰가는 조선수군을 그리면서 모처럼 깊이 잠들었다.

그 덕분일까. 이순신은 다음 날 아침 일찍 깨어났다. 몸도 가뿐했다. 동이 트기 시작하는 동녘 하늘도 맑았다.

군관들 속속 합류…마음은 벌써 남해안으로

이순신은 아침 일찍 순천부를 나서 낙안으로 향했다. 금둔사를 품은 금전산 자락을 돌아 낙안까지 한나절이 걸렸다. 지금의 순천만 국가정원과 순천만 생태공원 입구를 지나 상사호를 끼고 낙안으로 가는 길이다.

순천만 국가정원과 순천만 일출(순천시 오천동, 해룡면)

이순신이 낙안에 이를 때, 많은 백성이 길거리에 나와 있었다. 관아의 관리들도 부지기수였다. 이순신과 조선수군의 입성을 환영하는 인파였다. 무리가 끝이 보이지 않을 정도로 길게 늘어섰다.

백성은 흐르는 눈물을 가누지 못했다. 일본군보다 앞서 들어온 이순신을 보고 안도하는 모습이었다. 그들은 이순신과 군사들의 뒤를 따랐다. 관아가 있는 낙안현청까지 행렬이 이어졌다.

이순신이 동헌 앞 당산나무 아래에 멈췄다. 뒤따르던 군사들도 당산나무를 빙 둘러 모였다. 당산나무가 나뭇잎을 활짝 펴 넓은 그늘을 만들어 주었다. 그때 마을 원로들이 술독을 갖고 와서 이순신에게 올렸다.

> 8월 9일. 낙안군에 이르니, 5리까지 사람들이 많이 나와 환영하였다. 관리와 마을 사람들이 흐르는 눈물을 가누지 못했다. 점심 먹은 뒤 길을 떠나 10리쯤 오니, 길가에 동네 어른들이 늘어서서 술병을 앞다퉈 바쳤다. 받지 않았더니 울면서 억지로 권했다. _『난중일기』

이순신은 백성의 피와 땀으로 빚은 곡주라는 생각에 손사래를 치며 극구 사양했다. 원로들은 울다시피 하면서, 술잔을 이순신의 입 가까이 가져다 댔다.

어쩔 수 없었다. 이순신은 정중하게 술 한 잔을 받았다. 오랜만에 마시는 술 한 잔이 마음속 갈증까지도 개운하게 씻어주었다.

이순신은 군사와 백성도 함께 술을 나눠 마시게 하고, 당산나무에도 술 한 잔을 부어 주었다. 백성은 이순신이 술을 직접 따라 준 나무라며, 이 나무를 '장군목'이라 불렀다.

당산나무 장군목의 소재는 정확히 알려지지 않고 있다. 현재 낙안읍성 마을에는 오래된 나무가 많다. 그 가운데서도 가장 눈에 띄는 게 성곽에 있는 푸조나무와 은행나무다. 푸조나무는 이순신이 왜교성 전투를 앞둔

막걸리(순천시 낙안면)

1598년 하늘에 제사 지내고 승전을 기원하며 심었다고 전해진다.

높이 28m, 줄기 둘레 10m의 은행나무도 전라좌수사 이순신과 엮인다. 임진왜란 전, 이순신이 낙안에서 의병과 군량미를 모아 좌수영으로 가려고 이 나무 아래를 지날 때였다. 갑자기 마차 한쪽 바퀴가 삐걱거리더니 '갈 지(之)' 자를 그렸다. 이순신은 마차의 바퀴를 서둘러 고치고 길을 떠났다.

이순신이 낙안에서 군사들을 이끌고 순천으로 가는데, 큰 다리가 무너져 있었다. 갑자기 굉음이 일더니 다리가 무너져 내렸다는 게 주민들의 얘기였다.

이순신은 아찔했다. 조금 전에 마차를 수리하지 않았더라면 어땠을까. 군량미는 물론 자신과 병사들의 목숨까지도 위험했을 것을 생각하니 눈앞이 아찔했다.

백성들은 이 얘기를 전해 듣고 낙안의 은행나무신이 이순신을 위해 조화를 부렸다고 믿었다.

낙안 백성이 내어온 술로 목을 축인 이순신은 곧바로 관아로 향했다. 지금의 낙안읍성이다. 낙안읍성은 1397년(태조 6) 이 고장 출신 김빈길 장군이 의병을 일으켜 토성으로 쌓았다. 왜구의 침략에 맞선 방

낙안읍성 민속마을(순천시 낙안면)

어용이었다.

1626년(인조 4) 임경업 장군이 낙안군수로 부임해 석성으로 고치고 키웠다. 일반적인 성과 달리 들녘 평야에 쌓은 것이 특징이다. 길이 1420m, 높이 4m에 이른다. 이 성이 비교적 일찍 축조된 것은 낙안의 지리적 특성과 연관된다. 바다와 가까워 왜구의 침입이 잦았기 때문이다.

성내에 고을 수령의 숙소였던 내아와 손님을 맞던 객사, 향교가 있다. 형틀과 옥사도 복원돼 있다. 성내에는 100여 가구 200여 명이 살고 있다. 사적으로 지정돼 있다.

읍성 앞에 뿌리깊은나무박물관도 있다. 잡지 《뿌리깊은나무》와 《샘이깊은물》, 인문지리지 『한국의 발견』 발행인 한창기(1936~1997)를 기리는 공간이다. 보성군 벌교읍 고읍리에서 난 한창기는 잡지로 박정희·전두환에 맞선 뚝심의 언론인이다.

잡지 《뿌리깊은나무》는 낡고 오래된 것에서 아름다움을 찾았다. 편집은 그때까지 아무도 시도하지 않던 한글 전용 가로쓰기를 했다. 한국 최초였다. 《뿌리깊은나무》는 1980년 신군부에 의해 강제 폐간당했다. 계급의식을 조장하고 사회불안을 조성한다는 이유였다.

한창기는 우리 전통문화를 되살리는 데도 앞장섰다. 음식을 담는 그릇에서부터 노랫가락까지 잊혀져 가는 우리의 고유문화를 찾아내고 알렸다. 그가 1973년부터 1987년까지 100회에 걸쳐 이룬 판소리 다섯 마당 완창 공연은 우리 문화사의 신화가 됐다.

박물관에는 그가 펴낸 잡지와 책, 그가 수집한 유물 등 6500여 점이 전시돼 있다. 낡고 투박하지만 우리 삶 속에 녹아있는 유물이다.

낙안읍성 무기고에서 이순신은 또 빈손으로 돌아서야 했다. 청야

잡지 《뿌리깊은나무》

책이 집행돼 관아의 모든 창고가 불에 타 버렸기 때문이다. 이를 본 백성이 조정의 청야책을 나무랐다.

순천부사 우치적, 김제군수 고봉상이 이순신을 찾아와 군관 대열에 합류했다. 그들은 이순신이 온다는 소식을 듣고 낙안에서 기다리고 있었다고 했다. 우치적은 옥포해전에서 일본군 장수가 탄 배에 올라 적을 죽이고 배를 빼앗은 용감한 장수다.

이순신은 백성과 군관들을 다독이며 서둘러 점심을 먹고 읍성 남문을 나섰다. 더 이상 지체할 수 없었다. 마음은 벌써 벌교를 거쳐 남해안 득량만으로 가고 있었다.

5.
군량미 확보했는데
조선수군 철폐라니

—

1597년 8월 9일, 보성

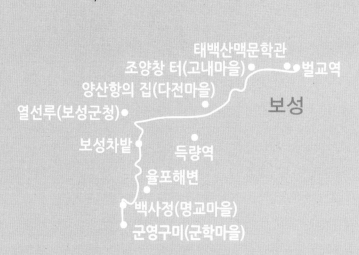

태백산맥문학관
조양창 터(고내마을) ●　　　●●벌교역
양산항의 집(다전마을)
　　　　　　　　　　　　　　보성
열선루(보성군청)●
　　●
보성차밭　　　득량역
　　●
율포해변
●
백사정(명교마을)
●
군영구미(군학마을)

낙안을 떠난 이순신은 보성으로 향했다. 보성으로 가는 이순신의 마음은 여느 곳과 달랐다. 1530년경 장인 방진이 군수를 지낸 고장이어서다.

1545년 서울 마르내골(건천동)에서 태어난 이순신은 21세 때인 1565년 상주 방씨와 혼인했다. 보성군수를 지낸 방진의 외동딸로, 19세였다. 당시 방진은 조선에서 활 잘 쏘기로 이름난 관리였다.

이순신은 장인의 전폭적인 격려와 함께 재정적인 뒷받침을 받았다. 과거에 급제할 때까지 처가에서 지내며 무예를 연마했다. 장인과 장모가 세상을 떠나자 후손이 없는 처가(충남 아산)를 자신의 본가로 삼았다.

장인과 부인을 기억하는 방진관이 보성읍내에 있다. 이순신의 스승 역할을 했던 방진과 이순신을 내조한 부인의 정신을 되새기는 교육관으로 활용되고 있다.

이순신이 보성에서 처음 들른 곳은 벌교다. 벌교는 득량만으로 가는 길목에 있다. 조양창으로 가는 중간지점이다.

이순신은 진석마을의 선소를 점검했다. 진석마을에선 부싯돌로 쓰

선소(보성군 득량면)

던 참돌을 생산하고 있었다. 이순신은 무기고와 식량창고도 차례로 수색을 했다. 보성지역 관원들의 소집을 알리는 전령도 보냈다.

지금의 벌교는 참꼬막과 함께 조정래의 소설『태백산맥』의 배경으로 널리 알려져 있다. 벌교 포구를 배경으로 쓰여진 이 소설의 중심 무대인 현부자네 집과 철다리, 소화다리, 횡갯다리가 있다. 김범우의 집, 중도방죽, 남도여관, 소화의 집, 회정리교회, 금융조합도 있다.

횡갯다리는 길이 27m, 높이 3m의 무지개다리다. '홍교'로도 불린다. 벌교의 지명도 여기서 유래했다. 돌다리가 놓이기 전 이곳엔 뗏목을 엮어놓은 다리가 있었다. 벌교의 한자가 '뗏목 벌(筏)', '다리 교(橋)'인 이유다. 1729년 선암사 승려 초안과 습성 두 선사가 만들었다고 전해진다. 『태백산맥』에서는 좌·우익 모두의 즉결 처형 공간으로 그려졌다.

현부자네 집은 소설에서 조직의 밀명을 받은 술도가의 아들 정하

110

횡갯다리(위)와 철다리(보성군 벌교읍)

섭이 무당 소화를 찾아왔다가 숨어 지낸 곳이다. 둘의 애틋하고 가슴 시린 운명 같은 사랑도 여기서 이뤄졌다.

철다리는 염상구가 특별한 겨루기를 했던 곳이다. 깡패 왕초인 땅벌의 제의를 받아들인 장터거리의 주도권 싸움이었다.

현부자네 집(보성군 벌교읍)

중도방죽은 일본인 지주 나카시마가 주민들을 강제 동원해 만든 간척지다. 하판석 영감도 등골이 휠 정도로 지게에 돌을 져 날랐다. 일본인 나카시마를 우리말로 표기하면 '중도(中島)'. 그래서 방죽 이름이 '중도방죽'으로 붙었다.

벌교역은 염상구의 형 염상진의 목이 내걸렸던 곳이다. 염상구가 "살아서나 빨갱이제, 죽어서도 빨갱이여?"라고 절규하며 형의 시신을 거뒀다.

태백산맥문학관에서는 조정래의 육필원고와 취재수첩, 만년필 등을 볼 수 있다. 작가가 쓴 원고지 1만6500장도 쌓여있다. 관련 자료 140여 건 600여 점이 전시돼 있다.

벌교를 가로지른 이순신은 득량만 연안포구로 방향을 잡았다. 지금의 방주리를 거쳐 조성면으로 가는 길이다. 도로 오른편에 질그릇과 항아리를 빚는 징광문화가 있다. 산비탈의 야생 차밭도 멋스럽다. 길은 보성컨트리클럽 입구 대곡저수지와 주월산 패러글라이딩장으로 들어가는 평촌마을을 지난다.

축내리에서 만나는 백천당의 내력도 깊다. 1511년 마을에 들어온 임희중이 후손들의 교육을 위해 세운 서당이다. 여러 차례 고쳐 지으면서 조양성의 일부 자재를 활용한 것으로 전해진다.

이순신이 연안을 따라 도착한 곳은 고내(庫內)마을이다. 세곡을 보관하던 창고가 있던 곳이다. 보성군 조성면 우천리에 속한다. 지금은 자연부락에 불과한 작은 마을이지만, 당시엔 조양현 소재지였다.

벌교역(위)과 태백산맥문학관(보성군 벌교읍)

조양현은 757년 처음 설치된 후 1441년(세종 23)까지 700여 년 동안 유지됐다. 여기엔 당시 외성과 내성이 있었다. 외성은 석축 683m, 높이 2m 규모로 우물 두 곳과 군량창고가 있었다. 현을 다스리는 관아도 있었다. 이 일대 군사와 행정의 중심지였다.

지금의 마을 자리에 동헌이 있었다. 마을회관 뒤로 당시 석축의 흔적이 남아 있다. 성 터에서 나온 것으로 짐작되는 돌도 여기저기 보인다.

군량창고인 조양창은 마을 뒷산에 있었다. 마을 사람들은 이곳을 '창등'이라 부른다. 송림 사이로 넓게 드러난 빈터가 당시 조양창이었

고내마을(보성군 조성면)

고내마을 조양샘(보성군 조성면)

음을 짐작하게 한다. 주변에는 큰 돌덩이도 널브러져 있다. 옛 성곽과 창고에서 나온 돌임을 직감한다.

"어렸을 때 우리 놀이터였어라. 공도 여기서 찼고. 창칼의 부스러기 같은 것도 많이 나왔고라. 그때는 그게 뭔지 몰랐는디. 지금 생각항게 귀한 유물이었던 것 같은디."

마을 주민 임철모 씨의 말이다.

마을에 돌담이 즐비하다. 골목마다 돌담으로 이어진다. 고풍

조양창 터(보성군 조성면)

스럽기까지 하다. 주민들은 이 돌담이 "성의 돌을 깨서 쌓은 것"이라고 했다. 1970년대 새마을운동 때 골목길을 넓히고 담장을 개량하면서 쌓은 것이란다. 마을 인근 방조제나 저수지도 그렇게 쌓았다는 게 주민들 얘기다.

마을에 샘터도 있다. 당시 동헌과 객사 터는 모두 빈집으로 남아 있다. 폐가가 되다시피 했다. 잡초 무성한 곳은 관리들이 유흥을 즐기던 자리라고 했다. 마을에 고목도 많았는데, 모두 폐사했다고 한다. 조양창이 있던 뒷산에 시누대도 많았다.

"저기 산 아래 들판이 군마 조련장이었답니다. 임진왜란과 정유재란 때 병사들이 훈련하고 말도 훈련시킨 곳이었다고 해요."

고내마을 출신 오형근 전 순천제일대 교수의 말이다. 그가 군마 조

런장이라고 가리킨 곳은 소양창 터에서 고장마을 사이다.

고내마을에는 현재 60가구 100여 명이 살고 있다. 보성 특산 참다
래를 많이 재배한다.

봉인된 곡식 그대로…군량미 걱정 '끝'

이순신이 도착한 조양창에는 정적만 감돌았다. 병사는 보이지 않
고 창고만 덩그러니 있었다. 창고의 겉모습은 온전했다. 청야책에 의
해 불태워졌던 지금까지의 창고와는 달랐다.

이순신은 부푼 기대를 안고 병사에게 창고 문을 열어보라고 했다.
문을 연 병사의 얼굴이 환해지더니 큰소리로 외쳤다.

"곡식이 그대로 있습니다, 장군님. 봉인도 뜯지 않았사옵니다."

이순신은 봉인된 군량미를 두 눈으로 확인했다. 가마니가 새끼줄
에 그대로 묶여 있었다. 병사들이 한동안 배불리 먹을 수 있는 양이
었다.

전쟁에서 가장 기본이 되는 군량미를 확보한 순간이었다. 긴장하
고 지켜보던 병사들도 환호성을 질렀다. 이순신은 병사들에게 군량창
고를 잘 지키도록 했다.

8월 9일. 저녁에 보성 조양창에 이르니 사람은 하나도 없었다. 창고에
는 곡식이 묶인 채 그대로였다. 군관 네 명을 시켜 지키게 했다.
_『난중일기』

득량방조제에서 본 다전마을(보성군 득량면)

군량미를 손에 넣은 이순신의 뇌리에 지난날이 주마등처럼 스쳤다. 의금부에서 만신창이가 된 몸으로 풀려나 천 리가 넘는 길을 백의종군하고, 바로 삼도수군통제사가 돼 조선수군 재건을 위해 뛰어왔다. 구례에서 곡성으로, 옥과로, 석곡으로 그리고 순천과 낙안을 거쳐 고내까지 벅찬 강행군이었다.

조양창에서 내려온 이순신은 하룻밤 묵을 김안도의 집으로 향했다. 이순신은 자리에 눕자마자 깊은 잠에 빠져들었다.

이튿날 아침. 이순신은 잠자리에서 일어나기가 버거웠다. 하룻밤 푹 잤는데도 몸이 천근만근이었다. 이러다 크게 아프지나 않을까 걱정됐다. 이런 몸을 이끌고 길을 나선다는 게 자칫 다른 군관들에게 짐이 될까 걱정됐다.

이순신은 배흥립에게 자신의 몸 상태를 얘기해 주며, 하루 더 머물자고 했다. 정읍 고부 출신 배흥립은 이순신의 신망이 두터운 전장의 동지였다.

이순신이 조양창에서 군량미를 확보하고 이틀 묵은 김안도의 집은 현재 정확한 위치를 추정할 수 없다.

이순신은 김안도의 집에서 이틀 동안 쉬며 몸을 돌봤다. 하지만 그의 뇌리는 고뇌의 연속이었다. 확보한 군량미를 어떻게 옮길지가 문제였다. 함께 있던 배흥립과 머리를 맞댔다. 최측근에서 보좌하는 송희립, 최대성과도 만나 구체적인 방안을 상의했다.

그 사이 군사들은 오랜만에 허기진 배를 채웠다. 조성들에서 거둔 알곡으로 지은 밥도 유난히 맛있었다. 윤기가 좔좔 흐르면서 차졌다. 그들도 이순신을 핑계 삼아 푹 쉬면서 먼 길 떠날 힘을 얻었다.

몸이 아직 성하지 않았지만, 이순신은 계속 머물고 있을 수 없었다. 해안의 출구를 확보하는 게 시급했다. 이순신은 군사들을 불러 모아 격려하고 행군을 시작했다. 다전마을로 향했다.

고내에서 오봉산 자락을 따라가는 길이다. 대동마을을 거쳐 대동 저수지와 신방저수지를 끼고 조성초등학교로 가는 노정이다. 오봉산 (392m)은 다섯 봉우리의 기암괴석이 있어 이렇게 이름이 붙었다. 신라 고승 원효대사가 수도했다는 산이다. 산정에서 득량만과 고흥반도가 한눈에 내려다보인다.

이순신이 지나던 당시에는 바다가 산자락 바로 앞까지 펼쳐졌다. 바다에는 큰 포구도 많았다. 하지만 일제강점기 때 방조제를 쌓으면서, 지금은 바다가 막히고 포구도 사라졌다.

대동마을을 지나는 길가에서 '우천리 삼층석탑'이 반갑다. 옛날 징 광사의 말사가 있었다고 전해지는 들녘이다. 탑 몸체에서 꼭대기 장식까지 비례가 잘 맞아 미려하다. 통일신라 때 석탑이다. 문화유산(보물)으로 지정돼 있다.

(위, 왼쪽) 우천리 삼층석탑(보성군 조성면)
(위, 오른쪽) 석조인왕상(보성군 조성면)
(가운데, 왼쪽) 선근공원 안규홍 동상(보성군 벌교읍)
(가운데, 오른쪽) 안규홍 파청승첩비(보성군 득량면)
(아래) 양산항의 집 터(보성군 득량면)

우천리 삼층석탑을 보고 청능마을을 지난다. 길섶에 '석조인왕상'을 가리키는 작은 안내판이 서 있다. 석조상은 신방저수지 제방 밑 논두렁에 있다. 제대로 다듬어지지 않은 듯하지만, 신체의 근육을 사실적으로 묘사해 놓았다. 머리에는 상투가 돌출해 있다. 두 눈을 부릅뜬 채 성난 모습이다. 고려시대에 만든 것으로 추정된다.

신방마을도 호젓하다. 바다가 보이는 마을답게 돌담이 줄지어 있다. 길은 감동마을과 호동마을을 거쳐 파청마을을 지난다. 2번 국도 상에 예당휴게소가 있는 마을이다. 국도변에서 파청승첩비가 눈길을 끈다. 승첩비의 주인공은 담살이(머슴) 의병장 안규홍이다.

안규홍은 구한말 한국군이 강제 해산되자 의병을 모아 이 일대 파청, 진산, 원봉 등지에서 일본군과 싸워 승리를 거뒀다. 파청은 득량, 진산은 문덕, 원봉은 복내에 있다. 1947년 보성군민들이 성금을 모아 승첩비를 세웠다.

파청마을을 지나면 바로 다전마을에 이른다.

이순신이 다전(박곡)마을에 들른 것은 영해부사 양산항의 집을 염두에 둔 행보였다. 양산항(양산원)은 참봉 양응덕의 아들이자, 학포 양팽손(1488~1545)의 손자로 기묘명현의 후손이다. 기묘명현은 정암 조광조와 함께 중종 때 기묘사화로 화를 입은 사림을 가리킨다. 이순신과는 대대로 정을 나눠온 가문이다.

이순신이 양산항의 집에 이르렀으나 집주인은 보이지 않았다. 벌써 피난 간 듯했다. 하인들도 보이지 않았다. 집안 창고에는 곡식이 가득 쌓여 있었다. 양산항은 당시 상당한 부자였다.

이순신은 집주인의 허락을 받고 식량을 얻을 생각이었다. 하지만 다른 방법이 없었다. 양산항이 집에 있었다면 흔쾌히 내어줬을 텐

득량만(보성군 득량면)

데….

이순신은 군사들에게 양산항의 집 창고에 있는 식량을 거두도록 했다. 그가 나중에 알더라도 충분히 이해하리라 생각했다. 외려 하인들을 시켜 앞장서 내줬을 그였다.

조양창과 양산항의 집에서 식량을 구한 이순신은 군량미 걱정을 떨칠 수 있었다. 사실상 명량대첩의 기반을 닦은 셈이다. 이제 무기와 전함만 갖추면 수군의 진용을 구축할 수 있게 된 것이다.

이순신이 식량을 많이 구한 곳이 득량만 일대다. 이곳 지명이 '득량(得糧)'으로 된 것도 여기서 유래한다.

득량만은 지금도 간척지에서 쌀이 많이 난다. 차진 갯벌에서 꼬막과 조개, 바지락 등도 넉넉하게 채취한다. 오늘날에도 식량창고 역할을 톡톡히 하고 있다.

다전마을에서 가까운 곳에 득량역이 있다. 경상도와 전라도를 잇

(위) 득량역(왼쪽)과 추억의 거리(보성군 득량면) (아래) 이진래 고택의 소리샘(보성군 득량면)

는 경전선(慶全線)이 개통된 1930년에 문을 열었다. 2000년대 들어 이
용객이 뜸해지면서 폐역이 됐다. 지금은 옛 간이역의 정취를 느낄 수
있는 역사로 거듭나 사람들이 찾고 있다.

역 앞에 추억의 거리도 만들어져 있다. 1970~80년대 풍경이 살아
있다. 이발소와 다방, 만화방과 문구사도 옛 모습 그대로다.

강골마을도 여기서 멀지 않다. 강골에는 광주 이씨의 옛집이 그대
로 보존돼 있다. 1845년 이진만이 지은 이진래 가옥을 비롯하여 이금

열화정(보성군 득량면)

재 가옥, 이식래 가옥 등이 남아 있다. 후진 양성 공간이던 열화정도 멋스럽다.

　최대성 장군과 두 아들의 충절을 기리는 충절사도 가까운 송곡리에 있다. 보성 겸백 출신 최대성은 이순신의 부하 장수로 나서 한산대첩 등에서 큰 공을 세웠다. 정유재란 때는 두 아들과 동생을 포함한 의병 수천 명을 이끌고 순천과 고흥, 보성 등지에서 일본군을 무찔렀다.

전시 상황과 일본군 이동 경로도 파악하고

　이순신이 양산항 집에 머물고 있을 때다. 저녁나절에 군관 송희립과 최대성이 찾아왔다. 고흥 과역 출신 송희립은 이순신을 최측근에서 보좌한 장수다. 최대성은 보성 후방에서 일본군과 전투를 벌이고 있었다.

최대성이 보성 일대의 전시 상황과 일본군의 동태를 보고했다. 이순신은 선소와 득량 일대 포구에 잔존하는 전선의 정보를 물었다. 선소는 이순신이 임진왜란 때 병사를 주둔시키며 무기와 군량미를 모으고 병선을 만들던 곳이다.

이순신은 더 자세한 정보를 얻기 위해 연안 포구와 선소, 석대, 장흥 회령으로 전령을 보냈다. 보성 관원과 선소 군관들에게 소집에 응하라는 전령도 보냈다.

보성군수가 전령을 받고 가장 먼저 들어왔다. 거제현령 안위와 발포만호 소계남도 뒤이어 합류했다. 안위와 소계남은 함대를 운항하는 기술이 뛰어난 장수들이었다.

첩보를 수집하러 간 군관들이 속속 돌아왔다. 경상우수사 배설과 다른 장수들의 소재도 파악해 보고했다. 배설은 피난민에 섞여 머물고 있다고 했다. 배설과 함께 칠천량에서 살아남은 조선함대의 이동 상황도 소상히 전했다.

이순신은 조금 여유로워졌다. 군량미를 충분히 확보하고 배설이 이끌고 있는 전함의 위치도 파악한 덕이다. 이제 급한 일은 군량미를 옮기고 선단을 만나는 일이다.

이순신이 머문 양산항 집이 다전마을에 있다. 석축을 길게 쌓아 만든 연못과 맞닿아 있다. 매실나무 다섯 그루 아래 있던 오매정(五梅亭)도 복원돼 있다. 오매정은 2000년 초 문화마을 조성사업을 하면서 만들었다.

오매정 옆에 '절충장군수 전라도병마절도사 양공휘우급 유장비(折

양우급 유장비(보성군 득량면)

고차수(보성군 득량면)

衝將軍守 全羅道兵馬節度使 梁公諱禹及 遺庄碑)'가 있다. 전라병마절도사를 지 낸 양우급의 옛집임을 알려주는 비석으로, 제주 양씨 종회에서 세웠 다. 양우급은 양산항의 증손자다.

　다전마을은 제주 양씨 집성촌이다. 산자락에 차밭이 많아 '다전(茶

(ⅲ)마을'로 이름 지어졌다. 후손들은 400년 된 차나무(고차수, 古茶樹)에서 딴 찻잎으로 차를 만들어 마신다. 동과를 이용한 다식도 곁들인다.

동과는 기다란 원통형이나 타원형 수박처럼 생겼다. 오이나 참외 맛이 나는 별미다. 이순신과 조선수군도 목을 축이고 허기를 달래는 데 요긴하게 썼다고 전한다.

양산항의 집 앞에 공동 우물도 있다. 오래전 마을 아낙네들이 한 데 모여 빨래하던 빨래터이기도 하다. 마을 앞으로는 방조제를 막아 바다에서 간척지로 변한 들녘이 넓게 펼쳐져 있다.

이순신은 양산항 집에서 충청도순변사를 지낸 윤선각에게 장계 일곱 통을 써주었다. 내용은 알려지지 않았지만, 이순신의 이후 행선지로 미뤄볼 때 바다로 나가겠다는 의지를 담은 것으로 추정된다.

이순신은 다른 군관들에게도 임무를 부여했다. 이 또한 구체적인 내용은 밝혀지지 않고 있다. 장계에 바다로 나가겠다는 의지를 담고, 이를 위한 준비를 군관들에게 지시한 것으로 추정된다. 다가오는 결전의 날에 대비한 준비였을 것이다.

이순신은 여수와 하동 쪽에도 전령을 보냈다. 연해안에 진지를 구축하고 있는 일본군의 이동상황을 파악하는 데 목적이 있었다.

전라좌수영의 무관으로 유진장(留陣將)을 지낸 이몽구와 하동현감 신진이 도착했다. 이들은 본영 군기를 운반하지 못했다고 보고했다. 진주 정개산성과 벽견산성이 일본군에 의해 파괴됐다는 소식도 전했다.

일본군의 움직임과 주변 상황을 다 파악한 이순신은 또 길을 나섰다. 다음 목적지는 보성이다.

추석을 하루 앞둔 8월 14일, 전시인 탓에 명절 분위기는 어디서도 찾을 수 없었다. 날씨도 궂었다. 보름달을 보기 힘들 것 같았다.

다전마을에서 보성으로 가려면 쇠실마을을 거쳐 기러기재(안치, 雁峙)를 넘어야 한다. 쇠실마을 입구에 '백범 김구 선생 은거지' 안내판이 서 있다. 득량면 심송리 쇠실마을 입구다. 이 마을에 우리 민족의 큰 스승 백범이 젊은 날 40여 일 동안 머문 김광언의 집이 있다.

백범이 쇠실마을을 찾은 건 1898년 5월이다. 청년 김구가 명성황후 시해사건의 하수인인 일본인 쓰치다를 맨손으로 죽인 사건(치하포의거)으로 붙잡혀 인천감영에 수감됐다가 탈옥해서다. 백범은 '감옥에서 죽는 것은 일본놈들에게만 좋은 일'이라며 탈옥을 결행했다.

백범은 그해 3월 탈옥 후 삼남지방을 다니다가 산 깊은 이 마을에 숨어들었다. 마을에 있는 김광언의 집이다. 백범은 이 집에서 40일 동안 머물며 마을 사람들에게 우리 역사를 가르쳤다. 독립의식도 드높였다.

쇠실마을(보성군 득량면)

김구 은거 기념관(위)과 기념비(보성군 득량면)

쇠실마을 입구를 지나서 만나는 기러기재는 큰 고개다. 고개에서 내려다보이는 군두마을 일대가 모의장군 최대성의 격전지다. 최대성, 전방삭이 이끈 해상의병의 안치전투 현장이다.

최대성과 그의 아들을 모신 사당이 지척에 있다. 충절사다. 유품과 유물도 전시돼 있다. 사당에는 최대성 부자 외에도 전투에 함께 참가해 순절한 집안 노비의 위패도 모셔져 있다. 갑술과 두리동 형제다.

갑술과 두리동은 이름도 남기지 않고 전투에 참가하여 숨진 수많은 노비와 무명용사들을 대표한다.

어모장군 전방삭은 적진포해전 때 이순신 막하에서 활약했다. 고흥 첨산과 망저포, 보성 예진과 벌교포 전투에서도 맹위를 떨쳤다. 1598년 득량 죽전벌 전투에서 일본군의 총탄을 맞았다. 벌교 충효사에 배향돼 있다. 그의 일대기가 정형남의 역사소설『꽃이 지니 열매 맺혔어라』에 잘 그려져 있다.

기러기재를 넘은 이순신이 보성에서 찾은 곳은 보성군청의 열선루(列仙樓)다. 열선루는 정면 5칸, 측면 4칸 누각이다. 당시 보성읍성은 낮은 구릉을 연결시켜 쌓은 평산성으로, 둘레 895m, 높이 2.7m였다.

충절사 (보성군 득량면)

열선루(위)와 열선루가 자리한 신흥동산(보성군 보성읍)

안에 샘 4개와 못 2개가 있었다.

보성읍성은 지금의 보성군청과 보성초등학교 자리에 있었다. 시가지로 개발되면서 성곽의 흔적은 사라졌다. 당시 심은 것으로 보이는 노거수 4그루가 보성초등학교에 남아 있다. 초등학교 뒤쪽 언덕에 성벽 흔적이 일부 남아 있다.

수군 철폐하라!···신에게는 아직 12척의 배가

이순신은 열선루에서 보성군수와 군관을 불렀다. 나주목사와 어사임몽정에게도 편지를 썼다.

궂은 하늘에 검은 구름이 몰려들더니 비가 내리기 시작했다. 금세빗줄기가 굵어졌다. 이순신이 삼도수군통제사로 다시 임명돼 조선수군 재건에 나선 이후 처음 내린 비였다.

군관과 병사들은 가뭄 끝에 내린 단비를 보며 감회에 젖어들었다. 고향에 두고 온 부모와 처자, 형제들도 그랬다. '아무 탈 없이 목숨을 부지하고 있을까?' '일본군을 피해 산속을 헤매며 배고픔에 떨고 있지 않을까?'

가족을 생각하던 병사들은 하루빨리 일본군을 물리치고 일상으로 돌아가길 바라고 있었다.

이순신은 상념에 젖은 군사들을 보며 마음이 무거웠다. 막중한 책임감이 밀려오면서 두 어깨가 짓눌렸다. 백성을 일상으로 돌려보내는 길은, 수군을 완벽하게 재건해 전쟁에서 이기는 길밖에 없었다.

그러나 이순신의 마음 한켠에는 왠지 모를 불안이 밀려왔다. 그것은 일본군에 대한 공포가 아니었다. 전투에 대한 두려움도 아니었다. 사방이 을씨년스러웠다.

이순신은 애써 잠을 청했다. 밤이 깊어가면서 내리던 빗줄기가 더 굵어졌다. 열선루 지붕을 때리는 빗소리가 갈수록 요란했다. 밤하늘에서 울리는 천둥소리도 귓전에 가까이 닿았다.

비는 이순신이 아침에 눈을 뜨는 순간에도 내리고 있었다. 군관들이 추석이라며 덕담을 건넸다.

그랬다. 8월 15일 추석이었다. 비는 늦은 오후에 그쳤다. 언제 비를 퍼부었냐는 듯이 하늘도 맑게 갰다. 파란 하늘에 하얀 구름이 보였다.

이순신은 열선루로 찾아온 어사 임몽정을 만나 조정의 소식을 전해 들었다. 다른 지방의 전시 상황도 들었다. 곧이어 선전관 박천봉이 찾아왔다. 박천봉은 임금의 유지를 갖고 왔다며 이순신에게 전했다. 이순신은 임금의 유지를 받들고 바로 펼쳤다.

'수군을 파하고 육군에 합류하라!'

청천벽력 같은 명령이었다. 온몸의 기운이 쭈-욱 빠졌다.

> 8월 15일. 비 오다가 저녁나절에 맑게 갰다. 식사 후 열선루에 앉아 있으니, 선전관 박천봉이 임금의 분부를 가지고 왔다. 8월 7일 만든 공문이었다. 영의정은 경기지방으로 나가 순시 중이라고 했다.
> _『난중일기』

수군 철폐령이었다. 이제 그만 수군을 폐지하고, 권율 도원수를 도와 육지에서 싸우라는 것이었다. 10여 척 전함으로 수백 척의 일본수군에 대항하는 건 불가능하다는 이유였다. 이순신은 눈을 의심

이순신공원(보성군 보성읍)

하며 몇 번이고 다시 읽어봤지만, 같은 내용이었다. 소수의 수군으로
는 일본군을 막아내지 못하리라 여긴 임금이 이순신에게 내린 명령
이었다.

　조정에서는 전시 업무를 맡아보던 관아(官衙)가 파멸된 이후 일본군
의 진격을 걱정하고 있었다. 일본군이 바람을 타고 서해로 향하면 서
해안은 물론 충청과 경기까지 유린하는 것은 시간문제였기 때문이다.

　이순신은 박천봉에게 영의정 류성룡의 소재를 물었다. '영의정은
경기지방으로 나가 순시중'이라는 게 박천봉의 답이었다. 이순신은,
류성룡이 조정에 있었다면 '수군 철폐령'이 내려지지 않았으리라 생각
했다. 류성룡을 보호막으로 여기고 있었던 것이다.

　임금이 유지를 내린 날짜를 보니 8월 7일이었다. 돌이켜 보니 그날
은 수군 재건을 위해 전라도 곳곳을 누비다 석곡 강정에서 유숙하던
날이었다. 이순신은 '수군 철폐령'이 내려진 사실도 모른 채, 수군을
모으고 군량미를 확보하며 여기까지 온 것이다.

이순신공원에 세워진 이순신상(보성군 보성읍)

일본군과의 일전을 준비하며 모은 병사가 몇 명인데? 나를 믿고 따라준 군사들을 어떻게 한단 말인가? 그동안 확보한 군량미는 또 얼마인데? 지금까지 해온 수군 재건 노력이 헛수고였단 말인가? 전폭적으로 성원해 준 호남 백성의 모습도 떠올랐다.

어디서 어떻게 싸울지 다 계획을 세워두고 차근차근 준비해 가는데, 수군을 철폐하라니… 이대로 포기할 수 없었다. '바다의 도둑은 바다에서 막아야 한다'는 것이 이순신의 확고한 믿음이었다.

이순신은 떨리는 마음을 진정시키며 붓을 들었다. 그리고 비장한 마음을 담아 하얀 종이에 한 글자, 한 글자씩 또박또박 써 내려갔다.

'아직 신에게는 12척의 배가 있사옵니다. 나아가 죽기로 싸운다면 해볼 만하옵니다. 만일 수군을 철폐한다면 적(敵)이 만 번 다행으로 여기는 일일 것입니다. 그뿐만 아니라 적은 충청도를 거쳐 한강까지 갈 것입니다. 신은 그것을 걱정하는 것입니다. 전선 수는 비록 적지만, 신이 죽지 않는 한 적은 감히 우리를 업신여기지 못할 것입니다.'

'금신전선 상유십이(今臣戰船 尚有十二)'로 요약되는 장계다. 조선수군 폐지에 반대한다는 답글이다. 육군에 의지에 싸우라는 어명에 따르지 않겠다는 항명이다.

장계를 쓰던 이순신은 죽음을 떠올렸다. 어명을 거역하는 것은 곧 죽음이기 때문이다. 그럼에도 이순신은 임금의 명령에 따르지 않기로 했다. 임금과 조정 대신들이 수군 철폐령을 철회하도록 설득하기로 마음먹은 것이다.

이순신의 붓끝에는 백성을 포기할 수 없다는, 백성을 사랑하는 마음이 고스란히 담겨 있었다. 조선수군을 재건할 수 있다는 확신이 있었다. 일본군을 무찌를 수 있다는 자신감도 있었다.

하지만 이순신의 마음은 편치 않았다. 어명을 거역할 수밖에 없는 처지가 괴로웠다. 고뇌도 깊었다. 술을 마시지 않을 수 없었다. 옆에 있던 군관들이 다가와 위무했다.

이순신은 그날 밤을 지새며 장수들과 술을 마셨다. 평소 주량을 훌쩍 넘는 술이지만 정신은 더 말짱해졌다. 추석날의 큰 보름달이 수루 위에 내려앉아 있었다.

'한산섬 달 밝은 밤에 수루에 혼자 앉아(한산도월명야 상수루, 閑山島月明夜 上戍樓)/ 큰 칼 옆에 차고 깊은 시름 하는 차에(무대도 심수시, 憮大刀 深愁時)/ 어디서 들려오는 피리 소리는 남의 애를 끓나니(하처일성강적 갱첨수, 何處一聲羌笛 更添愁)'

이순신이 읊은 〈한산도가(閑山島歌)〉다. 나라의 운명을 쥔 장수의 마음이 절절이 묻어난다. 시를 읊조린 장소에 대한 논란이 끊이지 않는 시구다. 지금까지 알려진 것과 달리, 열선루에서 읊조렸다는 주장이 설득력을 얻고 있다. 조선수군이 아예 없어질지도 모르는 참담한 상황에서 수군 철폐령에 반대하는 장계를 올리고, 열선무에서 보름날을 보며 지었다는 얘기다.

8월 15일. 저녁에 밝은 달이 수루 위를 비추니, 심회가 편치 않았다.
술을 너무 많이 마셔서 잠을 자지 못했다. _『난중일기』

만약 이순신이 육군에 편입됐다면 어땠을까? 명량대첩은 없었을 것이고, 또 조선의 운명은 어떻게 됐을지…. 생각만으로도 암담하다.

수군 철폐령 속에서도 조선수군 재건 그대로

수군 철폐령이 내려진 위기 상황에서도 이순신은 결코 절망하거나 포기하지 않았다.

이튿날 날이 밝자, 이순신은 곧바로 수군 재건에 박차를 가했다. 해안으로 이동해 배를 타고 바다로 나아갈 준비를 했다.

이순신은 김억추와 조팽년을 불렀다. 이순신은 이들에게 양곡 100석을 배에 싣고 진도에 옮겨놓도록 했다.

굴암으로 떠난 보성군수와 군관들이 거기서 머물고 있던 관원들을 데리고 왔다. 이순신은 보성군청 무기고도 점검했다. 무기창고에 남아 있던 무기를 모두 꺼내 말 4마리에 가득 실었다.

해안으로 갈 준비를 하는 이순신에게 박천봉이 찾아와 한양으로 돌아가겠다며 인사를 건넸다. 박천봉의 손에는 이순신이 전날 밤 써준 장계가 들려 있었다.

남원성(남원시 동충동)

이순신은 어사 임몽정과 나주목사에게도 자신의 조선수군 재건 의지를 다시 밝혔다. 안중묵을 만나 일본군을 궤멸시킬 방안도 논의했다.

그날 오후 궁장(弓匠) 지이와 태귀생, 선의, 대남이 돌아왔다. 김희방, 김붕만도 뒤따라왔다. 이들은 수군에 필요한 활을 만들어 줄 사람들이었다. 이순신은 궁장들에게 천 리를 갈 활을 만들어 달라고 간곡히 부탁했다.

수군 철폐령이 내려진 최악의 상황에서도 조선수군 재건을 위한 병참 활동이 착착 진행되고 있었다. 이순신은 군사를 도열시키고 군기를 점검했다.

이순신은 경상우수사 배설에게도 전령을 보냈다. 배설에겐 남은 전선을 이끌고 군학마을의 군영구미로 들어오도록 했다.

바다로 나아가겠다는 이순신의 의지가 분명해졌다. 전라도 내륙에서 병력과 군기를 확보하고, 연해안에서 군량을 확보하려는 이순신의 전략이 마무리 단계에 접어들었다는 의미다.

그 시각, 호남의 보루나 다름없던 남원성이 일본군에 점령당했다.

남원성에는 조선군사 4천여 명과 백성 6천여 명이 머물고 있었다. 일본군의 수는 조총과 포로 무장한 정예군사 6만여 명이었다. 남원성은 일본군에 의해 몇 겹으로 포위됐다.

조·명연합군은 며칠 동안 처절하게 맞섰지만, 열세를 극복하지 못했다. 수많은 군사와 백성이 죽어갔다.

남원성을 차지한 일본군은 더없이 잔인했다. 맨손의 민간인을 대상으로 학살을 자행했다. 죽은 사람의 코는 물론 산 사람의 코까지 베어갔다.

일본 나고야성 박물관에 전시돼 있는 '코 영수증'이 이를 증명한다. 베어낸 코의 수와 수령을 확인하는 기록이다. 옛날에 우는 아이를 달랠 때 쓰던 '이비야!'라는 말도 여기서 유래했다고 전해진다.

이젠 해안으로…배 타고 바다로 나아갈 준비를

이순신은 8월 17일 보성읍성을 나서 남쪽 해안으로 향했다. 다음 목적지는 백사정이 있는 명교마을과 '군영구미' 군학마을이다. 보성에서 오충사를 지나 명교마을과 군학마을이 있는 회천면으로 가는 노정은 차밭이 펼쳐지는 봇재를 넘어간다.

오충사는 보성에서 하나뿐인 사액사우다. 병조판서 선거이 등 보성 출신 충신 5명의 제사를 지내는 곳이다.

봇재는 오래전, 보부상들이 봇짐이나 등짐을 짊어지고 행상을 다

차밭(보성군 회천면)

니던 길이다. 보부상들은 바닷가에서 내륙으로 해산물을 팔러 갔다. 내륙에선 공산품을 가져다가 팔았다.

보부상이 오가던 길을 18번 국도가 지나간다. 도로를 왼편으로 하고 편백숲과 산성, 마을길과 숲길을 번갈아 따라간다. 보성읍에서 쾌상들을 가로질러 활성산 임도로 이어지는 길이다. 임도가 넓고 다니는 차량도 거의 없어 한산하다. 편백 우거진 숲길도 오롯하다.

활성산성 산림욕장을 돌아가면 턱골재에 닿는다. 봉산리와 쾌상리의 경계를 이루는 고개다. 임진왜란 때 일본군을 막는 데 방어막 역할을 한 몽중산과 군사들이 진을 쳤던 진두골 사이다.

득량만을 내려다보는 활성산성은 길이 1600m의 토성이다. 1593년 득량만 인접 지역 경비를 위해 쌓았다. 바다로 쳐들어오는 일본군을 감시하기 위해서였다.

성벽 안은 완만하고 바깥은 경사가 급하다. 밖에서는 성 안의 상황을 짐작할 수 없는 구조다.

활성산 편백 숲길(보성군 보성읍)

한국차박물관(보성군 보성읍)

율포해변(보성군 회천면)

활성산성에서 길은 한국차박물관과 대한다원을 거쳐 봇재로 연결된다. 봇재는 보성읍에서 회천면으로 넘어가는 고개다. 봇재에 서면 사방으로 차밭이 펼쳐진다. 차밭은 산비탈을 따라 층계를 이룬다. 우리나라 사람들이 가장 가보고 싶어 하는 여행지 가운데 하나다.

보성에 차밭이 조성되기 시작한 건 1930년대 후반이다. 따뜻하고 비가 잦은 자연조건이 차 재배에 맞춤이었다. 바다와 가까워 새벽안개가 자주 끼는 것도 좋았다. 수분을 원활히 공급할 수 있어서다. 보성군의 녹차 생산량은 전국의 40%가량 된다. '녹차수도'로 불린다.

차밭에서 해안으로 가면 율포해변이다. 호수처럼 잔잔한 득량만이 만든 해변이다. 은빛 모래와 해송이 잘 어우러져 있다. 수심도 깊지 않아 해수욕장으로 맞춤이다.

해변가에 해수녹차탕과 해수풀장이 있다. 해수녹차탕은 바닷속 120m 암반층에서 끌어 올린 물에 보성녹차를 섞었다. 고혈압과 동맥경화, 관절염, 신경통, 건성 피부 보호와 피부병 예방에 효과가 높다. 탕 안에서 바다 풍경이 보이는 것도 색다르다.

율포해수풀장은 깨끗한 바닷물로 만든 물놀이장이다. 터널 튜브형

율포 녹차해수풀장(보성군 회천면)

공룡알 화석지(보성군 득량면)

슬라이드와 해적선, 유수풀 등 놀이시설을 갖추고 있다.

비봉리에 선소마을과 공룡알 화석지도 있다. 선소마을은 수심이 깊어 언제라도 배를 댈 수 있는 곳으로, 격군 등 200여 명과 전선, 식량 등이 비치돼 있었다. 이순신도 여기서 무기와 군량을 모으며 병선을 만들었다.

선소마을은 청정해역 득량만을 앞마당으로 삼고 있어 해양경관도 아름답다. 드넓은 갯벌에 꼬막, 바지락, 낙지, 전어 등 각종 어패류가 풍부하다.

공룡알 화석지도 여기 있다. 1억 년 전 중생대 백악기의 공룡이 집단을 이뤄 번식했던 곳이다. 1.6m에 이르는 공룡의 둥지 17개와 공룡알 150여 개, 뼈 등으로 이뤄져 있다.

조선수군 재건로는 율포해변에서 장흥 방면, 회천수산물위판장을 지나 명교마을과 군학마을로 이어진다. 백사정이 있던 명교마을은 회천면 벽교1리에 속한다. 율포리와 전일리 사이, 득량만에 있다. 마을 앞으로 득량도와 고흥이 가까이 보인다.

이순신은 백사정에서 군마를 쉬게 했다. 군사들도 물 한 모금씩 마시며 숨을 골랐다. 병사들의 점심도 여기서 챙겼다.

'백사정(白沙汀)'은 바닷가의 모래인 백사(白沙)와 물가의 모래섬(汀)이 만나는 곳을 가리킨다. 영천강, 봉강천, 회령천 물이 흘러들어 모래톱이 만들어졌다. 명교에서 모래톱에 이르는 백사장이 10리 남짓 됐다. 우물이 있고 식수도 풍부했다.

백사정 주변에 풀밭도 넓었다. 말에게 먹일 풀이었다. 말을 먹여 기르는 목마장이 인근에 자리한 것도 풀이 많아서다. 드넓은 풀밭과 모래 해변은 군대가 머물기에도 좋았다.

마을에서 옛 모래톱의 흔적은 보이지 않는다. 제주 개발사업을 위해 정부에서 많은 모래를 채취하면서 사라졌다고 한다. 백사장은 여전히 넓다. 해안 도로를 따라 소나무도 줄지어 있다. 물놀이를 즐기기에 좋은 해변이다. 명교해수욕장으로 불린다.

밀물 때 드러나는 마을 앞 갯벌에는 바지락과 새꼬막이 지천이다. 낙지, 키조개도 많다. 바다에선 전어, 참돔이 잡힌다. 고흥과 마주한 득량만은 마을 사람들의 생활 터전이다.

이순신은 백사정에 군사들을 줄지어 서게 했다. 병사의 수가 120여 명에 이르렀다. 군사를 다시 점검한 이순신은 떠날 채비를 서둘렀다. 이순신의 마음은 벌써 배설의 함대가 기다리고 있을 군영구미에

명교해변(보성군 회천면)

가 있었다.

향선 얻어타고 조선전함 찾아 회령포로

이순신은 백사정에서 점심을 먹고 군사들과 내륙에서 마지막 행선지가 될 군영구미로 향했다. 경상우수사 배설이 이끄는 함대 12척을 찾아서다.

군영구미는 지금의 회천면 전일2리 군학마을을 가리킨다. 1457년 이곳에 수군만호진이 개설되면서 '군영구미(軍營仇未)'라 불렀다. 회령면 '휘리포'라 부른 기록도 있다. 임진왜란 땐 '구미영성(龜尾營城)'이라 했다.

군사들의 하얀 깃발이 늘 휘날렸다 해서 '군학'이 됐다. 휘리재, 성머리, 성안, 성안우물, 진밖끝, 활터 등 군사용어가 지금도 지명으로

군학해변(위)과 군학마을(보성군 회천면)

쓰인다.

이순신이 해안길을 따라 도착한 군영구미는 적막했다. 사람이 보이지 않았다. 경상우수사 배설이 이끄는 전함도 보이지 않았다. 이순신이 수군들과 함께 타고 바다로 나가려던 배였다.

8월 17일. 점심을 먹고 군영구미에 이르니 일대가 모두 무인지경이 돼 있었다. 수사 배설은 내가 탈 배를 보내지 않았다. 장흥의 군량감관과 색리가 군량을 맘대로 모조리 훔쳐 나누어 가기에 잡아다가 호되게 곤장을 쳤다. _『난중일기』

이순신이 수소문해 알아보니, 배설이 이곳을 지나 회령포로 가버렸다. 명령을 어긴 것이다. 이순신은 화가 치밀어 올랐다. 배설 때문에 이순신의 구상이 차질을 빚게 되어서다. 당장이라도 배설을 잡아다가 호되게 곤장을 치고 싶었다.

그때 장흥의 군량감관과 그 밑에서 일을 보던 색리가 수군의 생명줄과 다름없는 군량에 손을 대고 있었다. 그들을 잡아다 곤장을 쳤다.

배설이 약속을 어겼다고 시간을 지체하고 있을 순 없었다. 임금의 수군 철폐령에도 맞서며 이끌고 온 수군인데, 여기서 시간을 끌어선 안 됐다. 이순신은 바다로 나아가기 위해 지역주민들의 배를 동원하는 방안을 떠올렸다.

이 마을 출신 김명립과 해상의병 마하수에게 향선을 구해올 수 있는지 물었다. 이순신의 명을 받은 김명립과 마하수가 어선이 모여 있는 포구로 달려갔다.

다음 날 아침, 안개 자욱한 바다에서 물살을 헤치고 오는 배들이 보였다. 안개 때문에 정확히 분간할 순 없었지만, 한두 척이 아니었다. 해안 가까이 온 배들을 확인하니 마하수, 백진남, 정명열, 김안방, 김성원, 문영개, 변홍원, 정경달 등이 타고 있었다. 동원돼 온 배가 10척이나 됐다.

이순신은 김명립과 마하수에게 큰일을 해냈다며 치하했다. 배를 몰고 온 지역 선주들에게도 감사의 인사를 건넸다. 역시 나라를 위한 일이라면 모든 일 제치고 달려오는 해상의병이고, 호남사람들이다.

마하수는 명량해전에 참가했다. 두 아들과 함께 전투에 나선 마하

충현사(장흥군 안양면)

수와 해상의병들은 향선을 전함으로 위장하고, 전투에서 맹위를 떨쳤다.

마하수를 배향한 사당 충현사가 장흥군 안양면 학송마을에 있다. 충현사에는 마천목 장군의 영정과 위패를 중심으로 마하수 의병장과 두 아들 성룡·위룡의 위패가 모셔져 있다.

이순신은 곧바로 전라도 내륙을 돌며 확보한 병참 물자를 배에 싣게 했다. 물자를 싣는 모습을 지켜보는 이순신은 뿌듯했다. 병참 물사를 나눠 싣고 줄시어 선 배들의 모습이 거북이 꼬리[龜尾]저럼 보였다. 이 일대에 쌓은 성 이름이 '구미영성'이 된 까닭이다.

군학마을에는 김명립 장군 유적비가 있다. 그의 후손들도 살고 있다. 100명 남짓한 마을 주민은 주로 벼농사를 짓고, 전어를 잡는다. 낙지, 게, 장대도 잡는다.

"옛날에는 뭐든지 잘 잡히고, 많이 잡았는데 요즘은 재미를 못 봐요." 마을회관에서 만난 주민의 얘기다. 젊은 농군들은 쪽파나 감자를 재배한다. 보성 특산이다.

이순신이 바다로 나아가는 모습을 지켜봤을 느티나무 고목도 마을회관 앞에 있다. 세월의 더께가 한눈에 묻어나는 이 나무는 540살, 둘레는 6.2m에 이른다. 오랜 세월 모진 풍상을 이기지 못하고 몇 년 사이 굵은 나뭇가지 두 개가 부러지고 잘렸다. 그럼에도 여전히 늠름한 자태를 뽐내고 있다. 여름엔 시원한 그늘로 주민들의 땀을 식

군학해변(보성군 회천면)

혀준다.

나무 앞에서 내려다본 앞바다가 시원하다. 고흥 소록도와 거금도가 선명하게 보인다. 오른편 저만치에는 완도 금당도의 기암절벽이 아스라하다. 당시 구미영성의 흔적도 바닷가 언덕에 일부 남아 있다.

해상의병들이 구해온 고깃배를 타고 바다로 나아간 이순신은 배설과 함께 있는 조선수군의 함대를 찾아 회령포로 향했다.

군학마을 느티나무(보성군 회천면)

6.

병참활동 끝내고
조선전함과 함께
바다로

—

1597년 8월 18일, 장흥

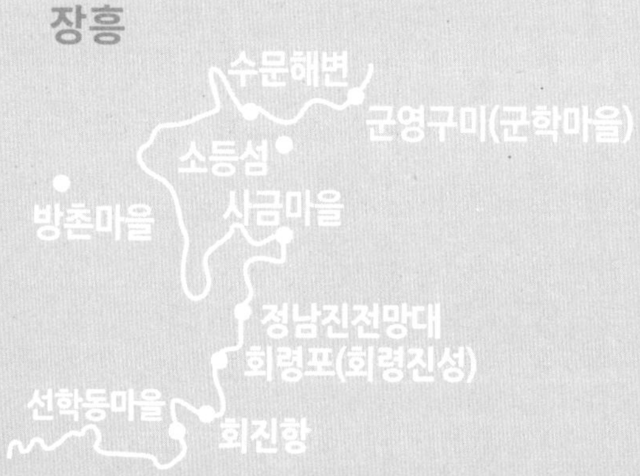

장흥

수문해변
군영구미(군학마을)
소등섬
방촌마을
사금마을
정남진전망대
회령포(회령진성)
선학동마을
회진항

8월 18일, 이순신은 향선 10척에 전라도 내륙에서 확보한 병참물자를
싣고 군영구미를 출발했다. 목적지는 장흥 회령진이다. 경상우수사
배설과 함께 머물고 있는 조선함대를 찾아서다.

이순신이 삼도수군통제사로 다시 임명된 뒤 첫 출항이었다. 바다로
나아간 것은 내륙에서의 병참활동이 끝났음을 의미한다.

'남도 이순신길-조선수군 재건로'는 여기서부터 이순신의 바닷길과
가장 가까운 육로를 따라간다. 이순신이 찾아가는 회령진(장흥군 회진면
회진리)을 목적지로 해서 77번과 23번 국도를 번갈아 타는 길이다.

군영구미가 있던 군학마을에서 장흥 회진으로 가는 길은 수려한
득량만 해안을 따라간다. 군학마을에서 안양면 수문마을로 이어지
는 해안도로 풍광이 비경이다.

수문마을은 '키조개마을'로 불린다. '조개의 왕'으로 통하는 키조개
의 주산지다. 수문 일대가 키조개마을로 자리 잡은 것은 물결이 잔잔
하고 수심도 얕은 득량만 덕분이다. 생태계의 보고인 갯벌도 키조개
에 풍부한 먹잇감을 제공한다.

대형 키조개 조형물이 서 있는 바닷가에는 한승원 문학 산책로도

수문해변(장흥군 안양면)

키조개 조형물(장흥군 안양면)

한승원 문학 산책로(장흥군 안양면)

있다. 한승원의 시비 30기가 있다. 여다지 바다에서 갯것을 잡으며 사는 마을 사람들의 희망, 바다에 뜬 해와 달과 별과 불어오는 바람, 춤추는 파도를 노래한 것들이다.

한승원은 『아제아제 바라아제』로 널리 알려진 장흥 출신 소설가다. 2016년 소설 『채식주의자』로 맨부커상을 받은 소설가 한강의 아버지 이기도 하다. 한승원은 수문 바닷가에서 가까운 데에 살고 있다. 집 이름을 '해산토굴'로 붙여두었다.

수문마을에서 국도를 따라 용산 방면으로 간다. 도로변에 종려나무가 줄지어 있어 이국적인 분위기를 선사한다. 2000년대 초 안양면 주민과 향우들이 성금을 모아 심은 가로수다.

장재도를 거쳐 들어가는 용산면 남포마을은 자연산 굴이 많이 난다. 김이 모락모락 나는 굴구이를 생각하니 군침이 넘어간다. 굴을, 남도의 어머니들은 '꿀'이라 불렀다. 진짜 꿀처럼 달고 맛있다.

남포가 입소문을 타기 시작한 건 1990년대 중반이다. 임권택 감독

소등섬(장흥군 용산면)

이 여기서 영화 〈축제〉를 촬영하면서다. 해안의 수려한 풍광에다 영화의 서정이 버무려졌다. 지금은 굴구이와 함께 손꼽히는 여행지가 됐다.

영화는 안성기·오정해가 주연을 맡았다. 우리의 상장례(喪葬禮) 문화를 그리면서 스러져가는 효도문화를 조명했다. 장흥 출신 작가 이청준이 쓴 소설 『축제』를 원작으로 영화를 만들었다. 노모의 죽음 그리고 장례식을 둘러싼 가족 간 갈등을 축제로 그려낸 작품이다.

마을 앞 바닷가에 있는 무인도 소등섬도 멋스럽다. 바닷물이 빠지는 썰물 때면 노두를 통해 섬까지 걸어갈 수 있다. 섬 너머로 떠오르는 해돋이도 황홀경을 연출한다.

남포는, 서울 광화문에서 정남쪽에 자리한다. 장흥을 '정남진(正南津)'이라 부르는 이유다. 바닷가에 '대한민국 正南津' 표지석이 세워져 있다.

안양면 수문마을에서 관산 방면으로 돌아가도 좋다. 관산에는 내력 깊은 방촌마을이 있다. 방촌유물전시관 앞에 임진왜란 때 공을 세운 이 마을 출신 위덕화(1551~1598)를 기리는 신도비도 있다. 선조의 의주 피난길에 함께했던 그는 훈련원도정(訓練院都正)을 끝으로 관직을 그만두고 고향으로 내려왔다.

천관산이 품은 방촌마을은 장흥 위씨 집성촌이다. 조선 후기 실학자인 존재 위백규(1727~1798)가 여기서 살았다. 마을에 존재고택(위계환 가옥)이 있다. 죽헌고택(위성용 가옥)과 오헌고택(위성탁 가옥)의 내력도 깊다.

존재가 후학을 가르치던 장천재(長川齋)도 천관산 자락에 있다. 건물이 앞뒤로 ㄷ자(공, 工) 모양을 하고 있다.

천관산(天冠山)은 장흥군 관산읍과 대덕읍의 경계에 있는 높이 723m의 바위산이다. 하늘을 찌를 듯한 봉우리와 산꼭대기에 삐죽삐죽 솟은 바위들의 형상이 눈길을 끈다. 정상 연대봉 부근 초원지대에서 환희봉, 구정봉까지 4㎞ 구간에선 억새가 군락을 이룬다.

산자락에 문학공원도 있다. 우리나라 최초의 야외 문학공원이다. 이 고장 출신 한승원과 이청준을 비롯한 국내 유명 문인들의 육필원고가 자연석에 새겨져 있다. 주민들이 쌓아 올린 돌탑도 정겹다.

존재고택(왼쪽)과 죽헌고택(장흥군 관산읍)

(위) 천관산(왼쪽)과 천관산문학관(장흥군 관산읍, 대덕읍)
(아래) 삼산리 후박나무(장흥군 관산읍)

삼산리 후박나무도 눈길을 끈다. 세 그루 나무가 한 무더기로 어우
러져 하나의 나무처럼 보인다. 높이 13m에 이른다. 수관 폭은 동쪽과
서쪽이 각 12m, 남쪽 14m, 북쪽 13m에 이른다. 해안지방에서 주로
자생하는 후박나무가 육지에서 이만한 크기로 자라는 건 흔치 않다.

조선수군 재건로는 '정남진' 남포에서 해안도로를 따라 사금마을과
정남진전망대로 이어진다.

사금마을은 마을 앞 모래사장이 금빛처럼 빛난다고 하여 이름 붙었다. 정남진전망대에서 보는 바다 경관도 빼어나다. 전망대 탑 위층은 떠오르는 태양을, 가운데 층은 황포돛대를, 아래층은 파도를 형상화한 것이다.

안중근 의사 동상도 눈길을 끈다. 안중근(1879~1910)은 한국인이 가장 존경하는 독립운동가 가운데 한 사람이다. 장흥에는 안 의사를 기리는 첫 번째 사당 해동사(海東祠)도 있다. 유가족이 영정과 위패를 모셨다. 현판 글씨를 당시 대통령 이승만이 쓰고, 정부를 대표하여 문교부 국장이 봉안식에 참석했다. 유가족과 나라에서 인정한 하나뿐인 안중근 사당이다.

전망대에서 내려다보이는 청정 바다엔 양식장이 펼쳐져 있다. 뭍의 평야처럼 넓다. 지평선, 수평선에 빗대 '양평선'이라 부를 만하다. 그 너머로 소록도와 거금도, 금당도 등 고흥의 크고 작은 섬들이 떠 있다. 해돋이와 바다를 전망하려는 사람들이 많이 찾는 정남진전망대다.

정남진전망대(장흥군 관산읍)

(위) 해조류 양식장(장흥군 회진면)
(아래) 해동사(장흥군 장동면)

정남진 낚시공원(장흥군 회진면)

정남진 해양 낚시공원도 오지다. 바다낚시의 시원한 입질과 짜릿한 손맛을 만끽할 수 있는 낚시공원이다. 감성돔의 포인트다. 아름다운 다도해 풍광은 덤이다.

회진면 덕산리와 노력도를 이어주는 회진대교도 근처에 있다. 2006년 개통됐다. 회진대교를 건너면 노력항 여객선터미널이 있다. 소설가 한승원의 생가는 신상리에 있다.

조선수군 재건로는 정남진전망대에서 장흥 회진면으로 이어진다. 회진항에서는 완도 생일도와 조약도, 장흥 노력도를 이어주는 배가 오간다.

조선함대 회수…우리에겐 죽음만 있을 뿐

그 사이, 군영구미를 떠난 이순신도 이곳 회진(회령포)에 도착한다. 회진에는 조선 초기 광산 김씨 김민경이 처음 들어왔다고 전해진다. 마을은 전라우수영에 소속된 수군만호가 주둔하면서 형성됐다.

1895년 회령진에서 이름을 따와 '회진'이 됐다.

회령진은 조선 초기에 설치됐다. 남해에 출몰하는 일본군을 소탕하는 수군진이었다. 전쟁 때는 수군 집결 장소로 쓰였다. 평상시엔 식량과 군기를 쌓아두는 보급기지 역할을 했다. 회령진은 작은 포구지만 남해안의 중요한 수군 방어기지였다.

회진항과 회령진성(전남 장흥군 회진면)

회령진성(위)과 회령진 역사공원(장흥군 회진면)

　회령진성은 회진의 뒷산을 이용해 쌓았다. 1490년(성종 21)에 쌓기 시작해 1554년(명종 9) 완공한 만호진성이다. 흙과 돌을 섞어 쌓았다. 동쪽 벽은 벼랑 위에 쌓았다.

　진성에는 중선(군함) 4척, 별선(수색함) 4척 그리고 수륙군 472명, 함선 수리공 4명이 상주했다. 성안에는 아사청, 객사, 관청, 사령청이 있었다. 덕도와 노력도, 대마도, 대구도 등 크고 작은 섬들이 진성을 감싸고 있다.

　현재 남아 있는 성벽은 600m에 이른다. 군데군데 성벽과 석축, 성

회진마을(장흥군 회진면)

문 터도 일부 남아 있다. 270여 년 전 마을 주민들이 이순신을 기리기 위해 심었다는 팽나무도 성내에 있다.

이 성벽에 기대 사는 집도 있다. 성벽이 담장인 셈이다. 마을 사람들이 '성 길에 사는 사람'이라고 부른다.

"남문 자리에 큰 돌이 있었고, 물레방아도 있었는디. 새마을운동 때 다 묻어 부렀어. 성돌을 지게로 져서 날라다가 돌담도 쌓고."

마을에서 만난 한 어르신의 얘기다.

마을이 옛 성곽을 중심으로 형성돼 있다. 골목마다 돌담이 많다. 마을에서 내려다보이는 풍경도 아름답다. 노력도가 저만치 보인다. 회진 앞바다가 파랗다. 그 바다에 섬 하나가 그림처럼 들어서 있다. 탱자섬이다.

"저 섬으로 소풍 갔어요. 우리 어렸을 때. 물이 빠지면 들어가서 놀다가 물이 들기 전에 나왔죠. 그때는 잔디밭이 넓었어요. 모래도 많고요. 지금은 많이 변했죠. 새마을사업 때 학교 짓느라 모래도 다

파버렸어요." 70대 마을 주민의 말이다.

이순신이 회령포에 도착하자, 진성에 주둔하던 장수들이 마중 나와 반겼다. 조선함대도 포구에 머물고 있었다.

경상우수사 배설은 보이지 않았다. 그는 배멀미를 심하게 한 탓에 나오지 못했다는 게 군관의 전언이었다.

이순신은 괘씸하게 생각했다. 배설이 의도적으로 자신을 피한다고 여겼다. 하루 전날 군영구미에 함대를 대지 않은 것도 못마땅하던 터였다.

이순신은 회령포구에서 전선과 기물을 점검했다. 배설 휘하에 있던 조선함대도 회수했다. 포구 관청에서 하룻밤을 묵었다.

다음 날 아침, 이순신은 모든 군사를 포구에 모이게 하고 숙배(肅拜) 행사를 열었다. 숙배는 임금에게 충성을 다할 것을 맹세하며 군사들의 사기를 높이는 군례다. 이른바 충성 서약식인 셈이다.

이순신은 장수와 장병들에게 임금이 내린 교서와 전라좌수사 겸 삼도수군통제사 임명 교지를 들어 내보였다. 연이어 교서에 큰절을 하고 충성을 다짐했다.

이순신은 교서를 높이 들어 보이며 군사들에게 외쳤다.

"우리는 지금 임금님의 명령을 다 같이 받들었다. 한 번의 죽음으로 나라에 보답하는 것이 뭐 그리 아깝겠는가. 의리상 같이 죽는 것이 마땅하다. 우리에게는 죽음만이 있을 뿐이다."

이순신의 말이 끝나자 장병들이 두 손을 높이 올리며 연호했다. 군사들의 사기도 하늘을 찌를 듯했다.

8월 19일. 여러 장수가 교서에 숙배하는데, 수사 배설은 받들어 숙배

166

하지 않았다. 그 업신여기고 잘난 체하는 꼴을 말로 다 나타낼 수 없다. 너무나 놀라 이방과 그 영리에게 곤장을 쳤다. _『난중일기』

숙배 행사에도 배설은 참여하지 않았다. 이순신은 배설을 그냥 놔둬선 안 되겠다고 생각했다. 삼도수군통제사의 명령에 복종하지 않았다는 이유로 그가 부리던 이방(吏房)과 영리(營吏)를 잡아다 곤장을 쳤다. 영리는 당시 감영이나 군영·수영에 속한 서리를 가리킨다.

그제야 배설이 어기적거리며 모습을 드러냈다. 데리고 있던 영리가 곤장을 맞았다는 것은, 자신이 맞은 것과 진배없기 때문이다.

이순신은 전선에서 받은 물건을 사사로이 피난민에게 준 회령포만호 민정붕도 군율로 다스렸다. 엄격한 군율에 따른 지휘권 행사를 군사들 앞에서 보여준 것이다.

요새화된 판옥선으로 개조…수군 재건 일단락

숙배를 마친 이순신은 곧바로 회수한 조선함대 12척의 개보수 작업에 들어갔다. 8척은 배설의 부하들이 갖고 있었고, 4척은 전라우수사 김억추가 수습한 함대였다.

당시 일본군은 전투 때마다 조선함대에 가까이 접근해 판옥선에 사다리를 놓고 올라와 백병전을 벌이기 일쑤였다. 일본군은 백병전에 능했다.

일본군의 특기를 무력화하고 조선수군의 전투력을 높이기 위해선 전함 개조가 절실했다. 이순신은 김억추를 전함 수리 책임자로 정하고, 함선을 거북 모형 구선(龜船)으로 바꾸게 했다.

김억추는 곧바로 전함 수리작업을 시작했다. 군관 권준, 임준영, 송희립, 배문길, 조기 등이 함께 참여했다. 작업은 밤낮을 가리지 않고 이어졌다.

전함 개조는 판옥선을 몸통이 둥근 나무통 모양의 거북배로 꾸미는 방식으로 진행됐다. 폭이 좁은 수로에서 전투를 해도 떠내려가지 않을 물통 모양이었다. 적의 화기로부터 우리 군사를 보호하는 데도 유리한 구조였다.

거북배로 개량된 판옥선은 선체가 높고 견고했다. 일본군이 근접해서 배 난간에 올라와 백병전을 시도할 수 없는 구조였다. 해전에서 아군을 철저히 보호해 줄, 요새화된 판옥선이었다.

요새화된 판옥선은 그 사이 13척이 됐다. 기존 12척에다 발포만호 송여종이 갖고 온 판옥선 1척이 더해졌다.

판옥선 개조가 끝나면서 이순신의 수군 재건 전략도 일단락됐다. 전라도 내륙의 구례와 곡성에서 군사를 충원하고, 순천에서 군기와 막강한 화약 무기를 확보했다. 연해안의 보성에선 군량을 확보하고, 장흥에서 전함까지 회수했다. 배설 휘하의 영리를 군율로 다스리면서 엄격한 지휘권 행사까지 시작했다. 8월 3일 삼도수군통제사로 다시 임명돼 조선수군 재건에 나선 지 17일 만이었다.

이순신이 짧은 기간에 조선수군을 재건할 수 있었던 것은 전라도 백성의 도움 덕분이다. 그동안 전장에 함께했던 군관 배흥립, 송희립, 최대성, 정사립, 김북만, 이기남 등이 동참했다. 연해안 주민 마하수, 김명립과 궁장 지이, 태귀생, 선의, 대남 등도 참여했다.

장흥의 마하수는 향선을 동원해 해상 이동을 도왔다. 일반 백성도

회진포구(장흥군 회진면)

가족을 뒤로하고 의병에 자발적으로 참여했다.

이순신이 하루빨리 수군을 재건해 일본군을 무찔러주기를 바라는 염원이 표출된 것이다. 지난날 이순신이 "호남이 없으면 국가도 없다(약무호남 시무국가, 若無湖南 是無國家)"고 단언한 이유도 이 때문이다.

병참 활동을 마무리한 이순신은 8월 20일, 바다로 다시 나아간다. 목적지는 건곤일척의 싸움이 기다리고 있는 명량이다.

이순신이 바닷길을 따라 강진과 해남으로 가는 사이, '남도 이순신 길-조선수군 재건로'는 회진에서 해안을 따라 강진 마량으로 간다. 영화 〈천년학〉 세트장이 있는 선학동(仙鶴洞)마을에도 들른다. '천년학'은 이청준의 소설『선학동 나그네』를 원작으로 임권택 감독이 만들었다.

『선학동 나그네』는 의붓남매인 동호와 송화의 이루어질 수 없는 사랑을 그리고 있다. 소리꾼 양아버지 밑에서 소리와 북장단을 맞추며 자란 남매 이야기다. 마음속 연인을 누나라 불러야 했던 동호가 괴로움을 참지 못하고 집을 나가면서 이야기가 펼쳐진다.

선학동의 봄(장흥군 회진면)

　그로부터 몇 년 뒤 양아버지가 죽고, 송화가 어디론가 사라졌다는 소식을 들은 동호. 이제는 송화를 여자로 사랑할 수 있으리라 생각하는데…. 엇갈린 운명으로 두 사람은 잠깐의 만남과 긴 이별로 자꾸만 비껴간다.

　지금도 선학동에 영화 세트로 지어진 선술집이 그대로 남아 있다. 바닷가의 소나무와 어우러져 고즈넉한 모습이다.

　선술집은 영화의 중심 무대였다. 동호가 애타게 그리워하던 송화의 소식을 들은 곳이다. 바닷물이 서서히 차오르면서 산그림자가 떨어지고 두 마리 학이 소리 장단에 맞춰 날아오르는, 영화의 클라이맥스를 장식한 곳도 여기다.

　선학동마을은 '꽃동네'다. 봄에는 노란 유채꽃으로, 가을엔 하얀 메밀꽃으로 일렁인다. 순박한 마을 사람들이 외지인을 배려하는 마음으로 조성한 꽃밭이다.

주민들은 처음에 유채 씨를 뿌렸다. 마을이 온통 노랗게 물들자, 찾아온 사람들이 탄성을 질렀다. 주민들도 뿌듯했다. 내친김에 가을 농사도 포기하고 메밀 씨앗을 뿌렸다. 그 풍경이 지금까지 이어져 봄이면 유채꽃으로, 가을이면 메밀꽃으로 마을이 채색된다.

선학동에서 야트막한 산길을 넘어 진목마을에 이청준이 나고 자란 집도 있다. 삭금마을 쪽으로 해안도로를 타고 가도 된다.

영화 〈천년학〉의 세트 선술집
(장흥군 회진면)

이청준 생가(장흥군 회진면)

    이청준은 남도 사람들의 웅숭깊은 한과 소리를 소설로 풀어낸 소설가다. 『당신들의 천국』『서편제』『축제』 등이 대표작이다. 그의 소설에서 자주 그려진 배경 무대도 이 일대다. 소설 속 인물로 가끔 등장하는 마을 사람들도 만날 수 있다. 그의 무덤도 이 지역에 있다.

    조선수군 재건로는 여기서 대덕읍 신리삼거리를 거쳐 강진 마량포구로 간다.

7.
해상에서
적응 훈련하며
전투 준비 시작

—

1597년 8월 20일, 강진·완도

강진

영랑생가
다산초당
가우도
마도진성
마랑항
고금도
이진진성
완도
신지도

완도

회령진에서 조선함대를 이끌고 바다로 간 이순신은 잠시 감회에 젖었다. 몹시도 덥고 힘들었던 지난 여름날이 주마등처럼 스쳤다.

백의종군과 삼도수군통제사 재임명, 칠천량에서 궤멸된 조선수군의 재건, 선조의 수군 철폐령까지 어느 것 하나 만만한 것이 없었다. 그 길에서 만난 백성의 탄식과 분노의 함성도 떠올랐다.

이순신은 함대에 오른 군사들을 돌아봤다. 훈련된 정예군사는 아닐지라도 든든했다. 이 정도라도 어디인가? 수군 철폐령에 맞서 소신을 굽히지 않은 것은, 다시 생각해도 '탁월한 선택'이었다.

이순신이 이끄는 조선함대는 조심스럽게 마량 앞바다로 나아갔다. 고금도와 약산도가 눈앞에 들어왔다. 저만치 신지도와 생일도도 보였다.

이순신의 시선은 약산도와 생일도 사이 바다를 지나 신지도와 완도 외곽을 그리고 있었다. 해남 이진 앞바다를 염두에 둔 항해였다.

이순신은 순항하던 함대를 바다 가운데에 멈춰 세웠다. 그리고 두 편으로 나눠 다시 출발하게 했다. 이번엔 한참 나아가던 함대를 다시 불러 세우고, 빠르게 방향을 바꿔 되돌아오도록 했다. 그는 같은 명

마량항(강진군 마량면)

령을 몇 차례 반복해 내렸다. 처음에 허둥대던 군사들도 빠르게 적응하며 일사불란하게 움직였다.

전투에 대비한 낮은 수준의 해상 적응훈련이었다. 일본군과의 일전에 대비한 전술훈련이기도 했다. 군사를 모으고 병참 물자를 확보한 이순신이 본격적인 전투 준비에 들어간 것이다.

조선함대가 가볍게 해상 적응훈련을 한 마량 앞바다는 전략적 요충지였다. 보성과 장흥에서 완도와 해남, 진도로 이어지는 서해 뱃길의 중간지점이다. 일본군과 진검승부를 앞둔 울돌목과도 그리 멀지 않은 곳이다. 이순신이 해상훈련을 시키면서 바닷물의 흐름을 눈여겨본 것도 그런 연유였다.

마량의 바닷길은 당시 제주와 뭍을 이어주는 항로였다. 고려 때부터 제주도에서 훈련시킨 말을 서울로 올려보내기 위해 싣고 오가던 바닷길이다. 이 바닷길을 통해 마량포구에 내린 말은 한동안 적응 기간을 거쳐 서울로 보내졌다.

마량 일대에 '말 마(馬)' 자를 쓰는 지명이 많은 이유다. 신마(新馬)는 말을 받아 적응시킨 지역이다. 숙마(宿馬)는 말을 잠재우던 곳이다. 말을 뜻하는 지명은 더 있다.

마량포구엔 진(鎭)이 설치돼 있었다. 당시 마도진(馬島鎭)으로 이름 붙여졌다. 1400년께 처음 설치되고, 병선과 수군이 배치됐다.

마량 앞바다는 고려 말부터 세금으로 거둔 곡식을 실어 나르는 조운선이 지나는 지역이었다. 마량항은 강진에서 생산한 옹기와 청자를 개경과 제주 등지로 수송한 무역항이기도 했다. 강진에서 생산한 농수산물도 오갔다. 마량에 마도진이 설치된 이유다. 조운선과 무역선의 안전한 항해를 위해서다.

마량항은 지리적으로도 천혜의 조건을 갖추고 있다. 바다에서는 고금도와 약산도, 신지도 등 크고 작은 섬이 포구를 이중, 삼중으로 감싸고 있다. 뭍에선 말머리산 능선이 포구를 휘감고 있다. 외부로부터 포구를 완벽하게 감출 수 있었다. 군사항구로도 맞춤이었다.

마도진성은 1499년에 쌓았다. 둘레 2700m로 장방형 석성이었다. 진성은 임진왜란 때 방어기지 역할을 했다. 거북선도 늘 대기했다. 이순신과 명나라 진린 부대가 연합작전을 편 곳이기도 하다. 그만큼 중요한 지역이었다.

마도진성은 마량항 뒤편, 원마마을 서북쪽에 있었다. 지금도 성터 흔적이 많이 남아 있다. 장방형 성벽이 마을을 감싸고 있다. 성벽을 담벼락으로 삼아 지은 집도 있다. 성벽 아래는 밭이다.

이순신이 이끄는 조선함대가 해상에서 적응훈련을 하며 마량 앞바다에서 이진으로 향하는 동안, '남도 이순신길-조선수군 재건로'는 육

마도진성(강진군 마량면)

로를 이용해 이진성이 자리하는 해남 북평으로 간다. 마량에서 대구면을 거쳐 가우도를 보고 도암면 다산초당에 들른다.

조선수군 재건로 강진 구간의 출발점은 마량항이다. 해상에서 적응훈련을 하던 조선함대를 먼발치서 바라볼 수 있는 곳이다.

마량항은 고금도와 약산도가 거센 바닷바람을 막아준 덕분에 아늑하다. 바다 풍광도 '미항(美港)'이라 부르기에 손색이 없다. 청정해역의 방파제를 따라 산책로가 단아하게 놓여 낭만적이다. 데이트 코스

까막섬(강진군 마량면)

서중마을의 수제김 건조(강진군 마량면)

로도 제격이다.

포구 언저리에서 강진만을 향해 고개를 내민 서중마을도 별나다. 겨울이면 대나무로 엮은 발장에 김 말리는 모습을 볼 수 있는 어촌이다. 햇볕에 김을 말려 옛 김맛을 재현하고 있다. 통발 낙지잡이와 김 양식, 김 건조 등도 체험할 수 있다.

마을 앞에 까막섬도 있다. 마량포구에 한 폭의 수묵화처럼 떠 있는 섬이다. 열대성 난대수 120여 종으로 숲을 이루고 있다.

까막섬에 얽힌 재미난 얘기도 전해진다. 남태평양에 있던 이 섬이 육지가 되고 싶어서 뭍으로 이동하고 있었다. 바닷가에서 그 모습을 본 여인이 "발 없는 섬도 움직이는데 내 아들은 두 발이 있어도 걷지 못한다."라며 탄식했다. 이 말을 들은 섬이 깜짝 놀라 그 자리에 멈춰 섰다. 섬이 가던 길을 멈추자, 아직껏 걷지 못했던 여인의 아들이 걷기 시작했다. 육지가 되고 싶어 먼 길 떠나온 섬이지만, 여인의 아들에게 걷는 능력을 양보했다는 얘기다.

마량에서 강진 찍고, 도암 거쳐 북평으로

마량항에서 강진읍으로 강진만을 따라 77번 국도를 타고 간다. 왼편에 강진만을 두고 구릉을 따라가는 길이다. 바닷가 마을 풍경도 정겹다.

대구면 소재지에서 만나는 강진청자박물관도 귀하다. 우리나라 청자의 과거와 현재를 만날 수 있는 곳이다. 고려청자의 체계적인 보존과 연구도 박물관 몫이다.

강진청자는 독특한 기법과 화려한 문양으로 고려 500년 동안 청자 문화를 꽃피워 왔다. 청자의 발상지다. 우리나라 국보와 보물급 청자의 80%가 강진에서 만들어졌다.

도암만의 바닷가 언덕에서 만나는 고바우공원은 전망이 좋다. 강진만 한가운데 떠 있는 섬 가우도(駕牛島)가 한눈에 들어온다. 서쪽으로 떨어지는 해넘이도 멋스럽다.

가우도는 작은 섬이다. 30여 명이 살고 있다. 두 개의 다리로 뭍과 연결됐다. 대구면 저두마을에서 연결된 다리는 길이 438m에 이른다. 2011년 개통됐다. 반대편 다리는 도암면 망호마을과 716m의 다리로 이듬해 연결됐다. 모두 사람만 건널 수 있는 인도교다.

"굴이 많아. 널린 게 굴이여. 놀믄 뭣 하겠어? 소일도 허고, 돈도 벌어야제."

가우도로 가는 길목, 저두마을 앞 갯벌에서 굴을 캐고 있는 한 할머니의 말이다. 할머니는 "저두 것이라면 도회지에서도 다 알아준다"며 도암만 갯벌과 그 갯벌에서 얻은 갯것을 자랑했다.

가우도는 지형이 소의 멍에처럼 생겼다 해서 이름 붙었다. 섬을 한 바퀴 도는 '함께해(海)길'도 만들어져 있다. 해안은 나무 데크로, 섬 안은 숲길로 연결됐다.

데크 길에서 영랑나루 쉼터도 만난다. 영랑 김윤식의 얼굴을 나타낸 조형물과 함께 의자가 놓여 있다. 후박나무와 곰솔나무, 대나무가 어우러진 숲도 단아하다.

섬과 뭍이 출렁다리로 연결되면서 가우도도 많이 변했다. 무엇보다 마을 사람들의 뭍 나들이가 수월해졌다. 섬을 찾아오는 사람도 부쩍 늘었다. 민박집과 펜션이 많이 들어서 있다. 집라인을 타고 섬 탈출의 짜릿함을 맛볼 수도 있다.

강진은 예부터 교통 요충지였다. 전투도 잦았다. 남포, 둔치, 병치, 밤재 등에서다. '허수아비'로 유명한 염걸의 격전지도 강진 땅이다. 강진만 구십포 해안과 정수사 뒤 천개산 계곡에서 일본군을 무찔렀다. 무기도 많이 빼앗았다.

염걸(1545~1598)은 임진왜란을 맞아 두 동생, 아들과 함께 의병을 일으켰다. 금세 300여 명이 모였다. 염걸은 구십포에 볏짚으로 엮은 초인(草人)을 곳곳에 설치했다. 열세인 군사의 수를 감추기 위해서였다. 염걸은 안개가 짙게 깔린 밤, 허수아비를 앞세우고 일본군을 무찔렀다.

이순신은 그를 의병장으로 임명했다. 염걸은 부산 몰운대 전투와 노량해전에 참전했다. 노량해전 때 거제도 앞바다에서 일본전함을 쫓다가 순절했다. 염서·염경 두 형제와 외아들 홍립도 전투에 참여했다.

사충묘(왼쪽)와 사충순의비(강진군 칠량면)

영랑생가(왼쪽)와 사의재(강진군 강진읍)

이들은 노량해전에서 모두 전사했다.

염걸과 염서, 염경, 염홍립 4명의 묘가 칠량면 율변마을에 있다. '사충묘(四忠墓)'라 부른다. 주인을 따라 전투에 나가 죽은 노비의 묘도 함께 있다. '임란충노지묘(壬亂忠奴之墓)'라고 씌어 있다. 지위와 신분을 가리지 않고 전쟁에 나가 싸운 호남사람들이다.

강진읍으로 가면 영랑생가와 사의재(四宜齋)가 있다. 영랑생가는 〈모란이 피기까지는〉으로 우리에게 친숙한 시인 영랑 김윤식(1903~1950)의 옛집이다. 우리 말과 글을 잘 다듬은 영랑은 '언어의 정원사'로 통한다.

사의재는 강진으로 유배 온 다산 정약용(1762~1836)이 처음 거처로 삼은 집이다. 다산은 주막집 '동문매반가' 주인 할머니의 배려로 유배 봇짐을 풀고 골방 하나를 거처로 삼았다. 사의재는 '생각과 용모, 말과 행동 등 네 가지를 올바로 한 이가 살았던 집'이란 의미다.

조선수군 재건로는 강진읍에서 해남 북평 방면으로 18번 국도를 따라간다. 계라삼거리에서 도암, 신전 방면으로 55번 국도로 갈아탄다.

만덕산 자락의 다산초당은 다산 정약용이 실학을 집대성하며 후진을 양성한 곳이다. 다산은 천주교도를 탄압했던 신유박해에 이은 황사영 백서사건으로 1801년 강진으로 유배됐다. 1818년까지 18년 동안 유배 생활을 한 다산의 흔적이 곳곳에 남아 있다. 『목민심서』 등 수많은 저술도 여기서 남겼다.

다산초당 아래 다산유물전시관도 있다. 다산 정약용의 연보, 가계도, 학통 그리고 업적과 유물 등을 전시하고 있다.

백련사와 다산초당을 이어주는 숲길도 예쁘다. 다산이 백련사의

다산초당(강진군 도암면)

백련사 동백숲(강진군 도암면)

혜장선사를 만나러 오가던 길이다. 다산과 선사는 이 길에서 만나 유학과 불교를 논했다. 차와 세상에 대한 이야기도 했다.

백련사는 천태종이 불교 개혁운동의 하나인 백련결사의 터전으로 삼았던 절집이다. 한때 절 이름에 '모일 사(社)' 자를 넣어 '백련사(白蓮社)'로 쓰기도 했다. 절집 부근엔 수백 년 된 동백나무 1500여 그루가 숲을 이룬다. 세월의 더께는 동백숲 속 부도에도 묻어 있다.

'마지막 통제영' 고금도 거쳐 완도·해남으로

조선수군 함대가 해상에서 적응훈련을 하는 동안, 강진 마량에서 고금도와 신지도, 완도를 거쳐 해남 북평으로 가도 된다. 고금대교와 장보고대교, 신지대교, 완도대교를 건너는 여정이다.

고금대교는 마량-고금도, 장보고대교는 고금도-신지도, 신지대교는 신지도-완도, 완도대교는 완도-해남 북평을 각각 잇는다. 걷는 길에 만나는 다도해의 섬과 바다 풍광도 아름답다.

고금도는 굴이 많이 나는 섬이다. 주민들이 약산도와 신지도 사이, 대계포에서 굴을 키운다. 굴은 바다의 완전식품으로 손꼽힌다. 단백질과 비타민이 풍부하다. 예부터 나폴레옹과 클레오파트라도 즐겨 먹었다고 한다.

유자도 많이 재배한다. 유자는 샛노랗고 탐스럽지만 생긴 것은 그저 그렇다. 겉보기에 울퉁불퉁해 못생긴 과일로 통하지만 약용이나 식용으로 인기다. 독특한 향 때문에 향료로도 쓰인다.

유자는 사과, 배, 바나나보다 칼슘 함량이 10배나 많다. 레몬이나

고금대교와 유자(강진군 마량면, 완도군 고금면)

오렌지보다 비타민이 3배 이상 많다. 항암 성분이 있어 노화 억제 등 성인병 예방에도 탁월하다. 흔한 표현으로 웰빙 건강식품이다.

고금도는 이순신과도 뗄 수 없는 섬이다. 정유재란 때 이순신이 명나라 진린과 함께 마지막 본영을 두고 일본군을 무찌른 곳이다. 이순신을 모신 사당 충무사와 월송대(月松臺)가 있다.

월송대는 이순신의 시신을 안치했던 곳이다. 1598년 11월 19일 노량해전에서 전사한 이순신의 유해가 옮겨졌다. 이순신의 유해는 월송대에 10여 일 안치됐다가 충남 아산에 묻혔다.

월송대 앞에 충무사가 있다. 충무사에는 조선수군의 해상전투 대형을 그린 〈전진도첩(戰陣圖帖)〉이 보관돼 있다. 도첩에는 수군이 적과 만났을 때 대처하는 여러 가지 해상전투 대형을 묘사한 예진도와 직진도 등 15개 대형이 담겨 있다. 조선 후기 전라우수영의 군사조직과 운영 실태도 엿볼 수 있다.

관왕묘비도 여기 있다. 노량해전 때 이순신과 연합군을 꾸렸던 명나라 장수 진린이 이순신의 전사를 애석해 하며 피를 토하고 돌아갔다는 내용이 적혀 있다.

당시 이순신과 군사들이 식수로 사용한 우물도 복원돼 있다. 충무사를 둘러싸고 있는 후박나무 숲길도 다소곳하다.

고금도에서 길이 1305m의 장보고대교를 건너 만나는 신지도는 명사십리 해변으로 널리 알려진 섬이다. 해변 풍광이 아름답다. C자 모양으로 유연한 해안선도 매혹적이다.

잠시 신을 벗고 백사장을 걷는다. 발끝으로 느껴지는 모래결의 감촉이 마음속까지 보드랍게 해준다. 해양치유의 섬으로 뜨고 있는 곳이다.

충무사와 월송대(완도군 고금면)

월송대(왼쪽)와 충무사(완도군 고금면)

관왕묘비(왼쪽)와 후박나무 숲(완도군 고금면)

장보고대교(완도군 고금면, 신지면)

명사십리해변과 신지도(완도군 신지면)

신지대교(완도군 신지면, 완도읍)

신지도는 조선시대 유배지 가운데 하나였다. 서예가로 이름 높은 원교 이광사가 여기서 유배 생활을 했다. 천연두 예방접종 백신인 종두법을 들여온 지석영도 유배돼 살았다. 『자산어보』로 유명한 정약전도 흑산도로 유배 가는 길에 몇 달 동안 머물렀다.

신지도에서 신지대교를 건너 만나는 완도는 한반도 끝자락을 붙들고 있는 섬이다. 우리나라에 있는 3400여 개 섬 가운데 일곱 번째로 큰 섬이다.

완도는 겨울에도 비교적 다사로운 지역이다. 자생하는 붉가시나무, 황칠나무, 후박나무 같은 난대수종이 이를 증명한다. 주변 경관도 아름답다. 해안도로가 잘 닦여 있다. 완도수목원과 정도리 구계등, 드라마 〈해신〉의 소세포 세트장까지 만날 수 있는 길이다.

장보고(?~846)가 설치한 청해진의 본영 '장도'도 완도에 속한다. 장보고는 청해진을 거점으로 서남해안의 해적을 소탕하며 해상권을 장악했다. 신라와 일본, 당나라의 삼각 무역에서도 주도권을 쥐며 '해상왕'이라는 별칭을 얻었다.

장도는 작은 섬이다. 면적이 12만 5400㎡밖에 안 된다. 나무다리로 연결돼 있다. 언제라도 섬을 드나들 수 있다.

당시 청해진도 복원돼 있다. 겹겹이 시루떡처럼 생긴 판축토성을 따라 성곽 위를 걸을 수 있다. 청해진 앞바다를 오가는 배를 관측하는 고대, 치, 굴립주도 있다. 당집에는 장보고와 송징, 혜일대사의 위패가 모셔져 있다.

성곽에서 조망하는 주변 바다 풍광이 한 폭의 그림이다. 신지도와 고금도, 약산도와 생일도 주변 섬들이 파노라마처럼 펼쳐진다. 가슴속까지 탁 트이게 한다.

'청해진' 장도(완도군 완도읍)

해안 방어용 울타리였던 목책

바다를 배경으로 동백나무도 군락을 이룬다. 동백꽃 필 때면 환상경을 연출한다.

바닷물이 빠지면 드러나는 목책도 볼나다. 썩거나 잘려 나가고 밑동만 남았지만, 1200년 세월을 지켜왔다. 통나무로 쌓은 해안 방어용 울타리였다. 배를 대기 위한 접안 시설로도 쓰였다고 한다. 장도를 청해진의 본영으로 확인시켜준 유물이다.

장도를 품은 마을 장좌리도 정겹다. 해마다 정월 대보름이면 새벽녘부터 해 질 때까지 세시풍속을 행하는 마을이다. 풍물을 앞세우고 장도로 가서 당제를 지낸다. 마을로 돌아와선 우물굿, 당산굿, 지신밟기를 하고 해 질 무렵 갯제까지 지낸다.

(위) 장도와 장좌리
(가운데, 왼쪽) 장보고 흉상(완도군 완도읍)
(가운데, 오른쪽) 축소 복원한 장보고무역선
(아래) 장군샘(완도군 완도읍)

7. 해상에서 적응 훈련하며 전투 준비 시작

완도수목원(완도군 군외면)

장좌리에 당시 청해진 사람들이 마셨다는 장군샘이 복원돼 있다. 마을 입구에 장보고기념관도 있다. 장도에서 발굴된 유물을 보여준다. 실제의 4분의 1 크기로 만든 장보고무역선도 있다.

완도해안도로에서 만나는 완도수목원은 우리나라에 하나뿐인 난대림 수목원이다. 난대림은 사철 푸르다. 면적이 2050만㎡, 여기에 4000여 종의 식물이 서식한다.

동백나무, 후박나무 등 각기 다른 난대수가 군락을 이룬다. 숲을 통한 치유를 실감할 수 있다. 특성에 따라 방향(芳香)식물원, 희귀식물원, 아열대온실도 있다. 산림박물관도 볼만하다.

정도리 구계등(九階燈)은 크고 작은 갯돌이 깔린 바닷가다. 밖으로 드러나고, 바닷속에 잠겨있는 갯돌밭까지 모두 아홉 개의 고랑과 언덕을 이루고 있다. 오랜 세월 파도에 씻기고 깎인 갯돌이 매끄럽다. 모양도 동글동글하다. 파도가 밀려왔다 빠지면서 들려주는 연주음도 감미롭다.

해변의 상록활엽수림도 울창하다. 오래전에 주민들이 태풍과 해일로부터 생활 공간을 보호하려고 조성한 방풍림이다. 해송과 감탕나무, 가시나무, 단풍나무가 빽빽하다.

탐방로도 개설돼 있다. 안내판을 하나씩 훑어보며 걷는 재미가 쏠쏠하다.

그 사이, 삼도수군통제사 이순신이 이끄는 조선함대는 신지도와 완도를 돌아 '땅끝' 해남으로 향하고 있다.

8.
만신창이 된 이순신,
몸 추스르고 다시 바다로

1597년 8월 20일, 해남

명량대첩비

진도대교

벽파항

해남

고천암호생태공원

이진진성

어란진항

땅끝마을

일본군과의 싸움에서 죽기를 맹세한 이순신과 조선수군은 8월 20일 마량 앞바다를 거쳐 해남 이진으로 갔다. 함대의 해상훈련과 출입이 자유로운 포구를 찾아 나선 것이다.

오랜만에 배를 탄 탓일까? 긴장이 조금 누그러졌을까? 이순신의 뱃속이 불편해지기 시작했다. 처음엔 배멀미인가 했다. 그런데 아니었다. 뱃속이 요동치고 머리가 깨질 듯이 아팠다. 구역질과 구토가 계속됐다.

날마다 강행군한 탓에 몸이 망가진 걸까? 전장에서 모함을 받아 의금부에 압송되고, 모진 고문까지 당했다. 피폐해진 몸으로 백의종군 명령을 받아 아산과 구례를 거쳐 합천까지 내려왔고, 삼도수군통제사에 다시 임명돼 조선수군 재건에 나선 터였다.

그것만은 아닌 듯했다. 몸이 조금 나아지는가 싶더니 금세 다시 아파 왔다. 구토를 심하게 한 탓에 기진맥진해져 용변도 보기 어려웠다. 몸을 가누기조차 버거웠다. 음식도 전혀 먹을 수 없었다.

8월 21일. 날이 채 새기 전에 도와리가 일어나 몹시 앓았다. 몸을 차게

해서 그런가 싶어 술을 마셨더니 한참 동안 인사불성이 되었다. 하마 터면 깨어나지 못할 뻔했다. 토하기를 10여 차례나 하고 밤을 앉아서 새웠다. _『난중일기』

곽란은 이순신의 고질병 가운데 하나였다. 식은땀, 코피, 구토를 평생 달고 살았다. 용맹한 장수의 모습과 달리 허약한 몸의 소유자였다. 어찌 보면 단아한 선비의 모습과 더 가까웠다.

이틀 밤을 꼬박 앓았는데도 아픔이 가시지 않았다. 오히려 더 심하게 아팠다. 더 이상 움직일 수 없었다. 일본군에게 쫓기고 있었지만 다른 방법이 없었다. 가까운 뭍에 전함을 대고, 배에서 내렸다.

8월 23일. 병세가 무척 심해져 배에서 지내기가 불편했다. 배 타는 것을 포기하고 바다에서 나와 (뭍에서) 잤다. _『난중일기』

이진마을(해남군 북평면)

　이순신은 마을에서 주민의 걱정과 환대를 한몸에 받으며 몸을 추슬렀다. 주민들은 몸에 좋다는 것을 다 가져왔다. 따뜻한 죽 한 그릇이 기운을 차리게 했다.

　이순신은 주민들의 보살핌을 받으며 밤새 푹 쉬었다. 몸이 거짓말처럼 나아졌다. 마음도 가붓해졌다.

　하지만 뒤쫓아 오는 일본군의 걸음을 생각하니 지체할 수 없었다. 이순신은 주민들의 극진한 돌봄에 고마움을 전하고 다시 배에 올랐다.

　"명량대첩에서 호남 민중의 역할이 컸는데, 이진마을 주민들도 큰일을 한 겁니다. 이순신 장군을 정성껏 보살펴 명량으로 갈 수 있게 했으니까요. 마을 주민들도 자긍심을 갖고 있습니다."

　이진마을에서 만난 박미례 해남문화관광해설사의 말이다.

　주민들이 이순신을 극진히 돌본 이진마을은 해남군 북평면에 속한다. 바다를 사이에 두고 완도와 마주하고 있다. 뒤로는 기암괴석으로 키재기를 하는 달마산이 병풍처럼 펼쳐져 있다. 두륜산도 저만치 자리한다. 마을 지형이 먹는 배를 닮았고, 바닷가의 나루라 하여 '이진(梨津)'으로 이름 붙었다. 한때 '배진'으로도 불렀다. 주민들은 주로 벼농사를 짓는다. 마늘, 배추도 심는다. 앞바다에서 숭어와 낙지를 잡기도 한다.

바닷가의 이진은 나라를 지키는 데 중요한 땅이었다. 일본군이 쳐들어온 을묘왜변(1555)을 겪은 뒤인 1588년에 군대가 머무는 진(鎭)이 설치됐다. 1627년엔 만호진으로 승격됐다. 이진진은 1895년까지 300년 가까이 유지됐다.

진성(鎭城)은 1648년에 처음 쌓았다. 남쪽과 북쪽의 높은 구릉을 이용했다. 성벽 바깥은 돌로 쌓고, 안쪽은 자갈과 흙으로 채웠다. 가운데가 낮은 타원형의 성이다. 성안에는 두 개의 샘과 객사, 동헌, 군기고가 있었다. 방어시설인 해자와 목책도 됐다. 마을은 성안에 있다.

1700년대 중반에 나온 『여지도서』에 의하면 이진성은 둘레 445m, 높이 2.4m 규모였다. 성곽이 지금도 남아 있으며, 일부는 복원했다. 서문 자리에 옹성이 있고, 밖으로 해자의 흔적도 보인다. 문 앞에 목책도 있었다고 전한다. 문이 설치된 초석도 남았다.

옛 모습 그대로의 우물도 마을에 있다. 성터 바위틈에서 내려오는 물이다. 수량은 많지 않지만 일정한 편이다. 주민들은 '약수'로 여기며 아꼈다고 전해진다. 이순신도 주민들이 떠다 준 이 물을 마셨을 것이다. 마을 사람들은 '장군샘'으로 부른다.

성곽을 둘러싼 방풍림도 아늑해 보인다. 수령 100~300년 된 해송 60여 그루가 무리 지어 있다. 해송숲에 전망 데크도 만들어져 있다.

기둥이 두 갈래로 쭈욱- 뻗어 여인을 연상케 하는 소나무도 있다. 1970년대 후반 '하사와 병장'이 부른 노래 〈해남 아가씨〉가 절로 흥얼거려진다. "구름도 내 맘인 양 그 님 모습 그리고…. 바람도 반기는 양 내 뺨을 스치고…."

이진진성은 제주도와 물자를 교류하던 통제소 역할도 했다. 이진은 우수영과 함께 해남을 대표하는 포구였다. 제주에서 기른 말이 이진을 통해 들어왔다. 말을 수송하는 배는 돌덩이도 함께 실었다. 말은 위에, 돌덩이는 아래에 실어 배의 균형을 잡았다.

제주로 돌아갈 때는 돌덩이를 내려놓고, 대신 곡식을 실었다. 이진 마을에 제주산 현무암이 여기저기 보이는 까닭이다.

마을에 돌담이 즐비하다. 최근 다시 쌓은 것도 있지만, 옛 모습 그대로 정겨운 돌담이 많다. 시멘트 담장에 그려진 벽화도 흥미롭다.

이진진성에서 가까운 곳에 달량진성도 있었다. 수군만호가 이진으로 옮겨오기 전까지 진성이었다.

달량진은 해남군 북평면 남창리 해안을 일컫는다. 이곳에 진이 설치된 것은 1406년 이전이다.

달량진성은 수군만호가 배치돼 배와 군사를 거느렸다. 1483년과 1552년, 1555년 세 차례 침탈을 겪었다. 1555년 일본군의 침탈로 폐허가 됐다. 이른바 '달량진 왜변(을묘왜변)'이다.

지금도 동벽과 북벽 일부가 남아 있다. 성벽은 마을 담장으로 이용되고 있다. 성벽 주변에 오래된 팽나무가 빼곡하다.

해남군청 앞에 있는 수성송이

이진진성의 여인송(해남군 북평면)

이진마을의 현무암(왼쪽)과 담장벽화(해남군 북평면)

남창마을(해남군 북평면)

달량진 왜변과 관련이 있다. 수성송은 성(城)을 지킨 소나무다.

일본군이 배 60여 척을 이끌고 달량진에 쳐들어온 을묘왜변 때의 일이다. 해남현감을 지낸 변협의 지휘 아래 지역주민들이 일본군에 맞서 용감히 싸웠다. 조정은 이 일을 크게 치하하며, 변협을 장흥부사로 승진시켰다. 수성송은 그 일을 기념해 동헌 안에 심은 소나무다. 당시 해남읍성의 흔적도 군청 뒤편으로 일부 남아 있다.

달량진성(해남군 북평면)

군율로 군사 마음 다잡고, 민심도 안정시켜

몸을 돌본 이순신은 8월 24일 이른 아침에 배를 타고 이진을 떠났다. 도괘 땅에 이르러 아침밥을 먹었다. 낮에는 해상에서 함대 운용을 시험하며 땅끝 앞바다를 돌아 어란포구에 이르렀다.

어란진은 텅 비어 있었다. 주민들은 모두 피난 가고 없었다. 이순신이 이끄는 조선수군은 어란포에 머물면서 본격적인 해상활동에 나섰다. 해상에서 여러 형태의 기동훈련과 타격훈련을 했다.

이순신이 어란포구에 머물고 있을 때였다. 일본군이 쳐들어온다는 소문이 파다했다. 민심이 어수선했다. 군사들의 얼굴에서도 공포심이 묻어났다.

> 8월 25일. 당포의 보자기가 놓아둔 소를 훔쳐 끌고 가는 사람이 "적이 쳐들어온다. 적이 쳐들어왔다"며 헛소문을 냈다. 나는 그것이 거짓말인 줄 알고 있었다. 헛소문을 낸 두 사람을 잡아다가 곧 군법으로 다스렸다. _『난중일기』

이순신은 평시가 아닌 전쟁 상황에서 민심이 동요해선 안 된다고 생각했다. 일본군과 싸우기도 전에 군사들이 흔들릴 수 있기 때문이다.

이순신은 '헛소문'의 진원지를 찾아 군법으로 엄하게 다스렸다. 어수선하던 민심이 안정을 되찾았다. 불안해하던 군사들의 마음도 다잡을 수 있었다.

이순신이 이진에서 바닷길을 따라 어란포구로 옮겨와서 머무는 동안 '남도 이순신길-조선수군 재건로'는 이진마을에서 뭍의 길을 따라

어란진 포구(해남군 송지면)

어란으로 간다.

오른편으로 달마산 뒤태를 보며 지나는 77번 국도를 따라가는 길
이다. 왼편으로는 이순신이 머물고 있는 '이순신의 바다'다. 바다 건너
편에 완도를 두고 해안 경관이 빼어난 해안도로를 따라 땅끝조각공
원을 거쳐 땅끝마을로 간다.

땅끝조각공원은 땅끝 바다가 한눈에 내려다보이는 곳에 들어서 있

땅끝조각공원(해남군 송지면)

땅끝전망대(왼쪽)와 스카이워크(해남군 송지면)

'땅끝' 갈두항과 마을(해남군 송지면)

다. 원로작가 김영중의 〈토루소의 모뉴만〉과 전뢰진 홍익대 명예교수의 〈유영〉 등 조각작품 20점이 설치돼 있다. 해남군 송지면 통호리에 있다.

땅끝마을은 북위 34도 17분 21초로, 한반도 최남단 지역이다. 해남군 송지면 갈두리를 가리킨다. 갈두산 정상에 역동적으로 타오르는 횃불을 형상화한 땅끝전망대가 있다.

여기 서면 흑일도, 백일도, 보길도, 노화도 등 남해의 다도해 풍광이 한눈에 들어온다. 날씨가 좋으면 제주도 한라산까지 보인다.

땅끝 바다 위를 걷는 스카이워크도 색다른 재미를 안겨준다. 해양 동·식물과 해양자원 5만여 점을 전시하고 있는 땅끝해양자연사박물관도 있다. 마도로스 출신 임양수 관장이 모은 것들이다. 청소년들의 체험학습 공간으로 안성맞춤이다.

땅끝마을에서 해안 숲길을 따라 송호마을로 간다. 땅끝 해안을 따라가는 숲길이다. '서해랑길'과 나란히 가는 구간이다. 서해랑길은 해남 땅끝에서 인천 강화를 연결하는 1800㎞의 길을 일컫는다. 남파랑길은 땅끝에서 부산 오륙도까지 1470㎞를 잇는다.

숲길은 서남해안의 수려한 경관을 보며 걷는 길이다. 해안과 다도해 경관이 아름답다. 해지는 모습도 환상적이다.

송호해변엔 노송이 무성하다. 바닷가의 모래도 곱다. 물결이 잔잔해 호수 같다 해서 이름 붙었다. 수심도 얕아 여름철 물놀이 장소로 좋다. 오토 캠핑장도 있다.

조선수군 재건로는 송호해변에서 중리, 대죽마을을 거쳐 어란으로 간다.

중리와 대죽리는 갯벌 체험장으로 맞춤이다. 바닷물이 빠지면 마을

송호해변과 모래조각 작품(해남군 송지면)

대죽리 갯벌(해남군 송지면)

앞 대섬까지 드러나는 갯벌에서 조개, 바지락 등을 채취할 수 있다.

달마산 미황사도 여기서 가깝다. 절벽 위에 둥지를 튼 도솔암도 아찔하다.

어란은 김 양식을 많이 하는 지역이다. 1970년대 지주식을 거쳐 부류식으로 발달했다. 전복과 굴, 톳 양식도 많이 한다. 인근 바다가 온통 양식장이다. '돈밭'에 다름 아니다.

한때는 주민들이 삼치잡이도 많이 나갔다. 위로는 위도, 아래로는 청산도와 나로도까지 가서 삼치를 잡았다. 삼치 파시(波市)도 열렸다. 그땐 무역선도 무시로 드나들었다. 어촌마을 사람들이 큰소리치며 살았다. 개도 지폐를 물고 다녔다는 말이 나올 정도였다.

한반도 서남해 끝단에 자리한 어란포구는 고대부터 한·중·일이 만나는 국제 해상로였다. 제주도 해로와 조운로의 중간 기착지 역할도 한 중요한 포구였다.

어란에 진(鎭)도 빨리 설치됐다. 1409년이다. 왜구를 막고 안전한 세곡 징수와 운송을 위해서였다. 여기에는 수군만호가 머물렀다.

지금도 만호진성 흔적이 남아 있다. 석축이 민가의 담장으로 쓰이고 있다. 어란초등학교 앞 마을회관에 당시 수군만호의 불망비도 여러 기 남아 있다.

어란진성 터(해남군 송지면)

일본 전함과 첫 만남…해상추격 '자신감' 회복

이순신이 어란 앞바다에 머물고 있던 8월 26일. 저녁나절 일본군 동태를 파악하러 간 첩보군관 임준영이 말을 타고 달려왔다. 임준영은 말에서 내리자마자 "적선이 이진에 이르렀다."고 했다. 이순신은 군사들의 역할 분담을 다시 점검하고 마음을 가다듬도록 했다.

이순신이 어란 앞바다에서 유진(留陣)하고 있는데, 경상우수사 배설이 보였다. 그의 눈빛에 두려움이 가득 묻어났다. 일본군이 가까이 왔다는 얘기에 두려워하는 눈치였다.

이순신은 "수사는 어디로 피해서 갔다 오는 것이냐"고 다그치듯이 말했다. 배설은 이순신의 눈을 마주하지 못했다.

임준영으로부터 적선이 이진에 도착했다는 첩보를 입수한 이틀 뒤였다. 새벽 어스름한 무렵 일본 전함 8척이 모습을 드러냈다. 조선수군 재건에 나선 이순신과 일본 전함과의 첫 만남이다.

> 8월 28일. 새벽 여섯 시쯤 적선 여덟 척이 뜻하지 않게 들어왔다. 여러 배들이 두려워 겁을 먹고, 경상수사는 피하며 물러나려 했다. _『난중일기』

갑자기 들이닥친 일본군 전함을 본 조선수군들이 겁을 먹은 듯했다. 배설도 뒷걸음질 쳤다. 이순신은 조금도 동요하지 않고 깃발을 들었다. 일본군 전함이 좀 더 가까이 다가오기를 기다렸다.

일본군 전함이 점점 다가왔다. 이순신은 끄떡하지 않았다. 일본군 전함이 어슬렁어슬렁 더 가까이 다가오자 이순신은 호각을 불며 깃발을 휘둘렀다.

"일본놈들을 쫓아라! 한 놈도 놓치지 말고 따라가 잡아라!"

이순신의 명령이 떨어지자 조선수군의 전함이 속도를 내며 일본군 전함을 쫓기 시작했다.

8월 28일. 나는 꼼짝하지 않고 있다가, 적선이 바짝 다가오자 호각을 불고 깃발을 휘두르며 따라가 잡도록 명령했다. 그랬더니 적선이 물러 갔다. 뒤쫓아 갈두까지 갔다가 돌아왔다. 적선이 멀리 도망하기에 더 이상 쫓지 않았다. _『난중일기』

일본 전함이 뱃머리를 돌려 달아나고 조선수군이 쫓아가는 상황이 벌어졌다. 조선수군은 쫓고 일본군은 달아나는 추격전이 계속됐다. 조선수군은 이순신의 명령에 따라 땅끝마을 갈두까지 쫓아갔다.

이순신은 도망가던 일본 전함이 눈에서 더 멀어지자, 추격을 멈추 도록 했다. 일본 전함은 자신들의 본대가 있는 방향으로 줄행랑을 쳤 다. 이순신이 추격을 멈추게 한 것은 소기의 목적을 달성했다는 판단 에서였다. 어디 숨어있을지도 모를 일본군의 유인책에 대비한 명령이 기도 했다.

첫 번째 해상추격전에서 일본군을 쫓은 조선수군이 자신을 갖기 시작했다. 이순신은 이날 밤 장도, 이른바 노루섬으로 옮겼다. 진도 벽파진에서 가까운 섬이다.

이순신이 이끄는 조선수군은 8월 29일 아침, 더 안전한 벽파진으 로 옮겨갔다. 벽파진은 명량대첩의 현장인 울돌목과 아주 가까운 포 구다.

(위) 우수영항
(가운데) 우수영 해안 데크(해남군 문내면)
(아래, 왼쪽) 망해루, (아래, 오른쪽) 방죽샘(해남군 문내면)

이순신은 벽파진에 머물면서 수군의 기동훈련과 타격훈련을 지휘했다. 열세한 병력으로 어떻게 일본군을 물리칠지 골몰했다.

이순신이 벽파진으로 옮겨가는 사이, '남도 이순신길-조선수군 재건로'도 우수영을 거쳐 진도대교로 간다. 77번 국도를 타고 해남군 화산면과 황산면을 지나 문내면 우수영으로 가는 길이다.

우수영은 전라우도 수군절제사가 주재하는 병영이 있었다 하여 붙은 지명이다. 처음에 대굴포(함평)에 뒀다가 1440년(세종 22) 이곳으로 옮겨왔다. 관할구역은 해남과 진도를 비롯하여 나주, 영광, 함평, 무안, 영암까지였다. 어란진, 고금도, 신지도, 목포진, 법성포, 흑산도 등 19곳을 속진으로 관리했다.

우수영성도 장대했다. 성의 영역이 남북 10리, 동서 5리에 이르고 석축 둘레도 1160m나 됐다. 성터 흔적도 군데군데 남아 있다.

마을 한가운데 방죽샘이 있다. 당시 조선수군이 먹는 물로 이용했다는 우물이다. 정교하게 깎은 돌기둥을 육각형으로 세워 튼실해 보인다. 암반에 세워진 명량대첩비도 우수영에서 만난다. 1688년(숙종 8) 전라우도 수군절도사 박신주가 전라우수영 동문밖에 세운 비석이다.

"여그가 바닷가였어. 간척하기 전에. 그래서 암반이 있어. 비석도 옛날부터 여그 있었고. 우리 어렸을 때 여그서 연 띄우고 다마 치고 놀았는디. 그때 일본놈들이 이 비석을 강제로 뜯어가부렀어. 그것을 다시 돌려놓은 거여."

명량대첩비 앞에서 만난 마을 어르신의 말이다.

명량대첩비는 일제강점기 일본의 우리 민족 말살정책에 따라 강제로 철거됐다. 1942년 전남경찰부에 의해 조선총독부로 옮겨지고, 경복궁 근정전 뒤뜰에 버려졌다. 8·15광복 후 주민들이 충무사로 다시

우수영 명량대첩비(해남군 문내면)

옮겨 왔다. 이후 국도 확장공사를 하면서 처음에 있었던 이 자리로 옮겼다. 문화유산(보물)으로 지정돼 있다.

대첩비 옆으로 충무사도 있다. 이순신의 영정을 모셔놓고 추모하는 사당이다. 해마다 충무공 탄신인 4월 28일과 명량대첩 기념일에 제례를 올린다. 사당 한쪽으로 우수영 관리들의 송덕비도 무리 지어 서 있다.

이 일대가 당시 우수영 성터다. 뒤편의 옛 문내면 행정복지센터 자리가 동헌 터였다. 성지 북문 쪽에 망해루도 복원돼 있다. 당시 명량해협을 내려다보던 망루다.

누각 부근에 돌과 흙으로 쌓은 성벽의 흔적도 조금 남아 있다. 바닷가에 접한 우수영성의 남쪽은 크고 작은 돌로 틈틈이 쌓은 석성이다. 북쪽은 흙으로 빈틈없이 쌓아 올린 토성이다.

망해루에서 우수영항이 내려다보인다. 우수영항에서는 제주를 오가는 쾌속선이 운항한다. 김대중 전 대통령의 태 자리인 신안 하의도

우수영항 여객터미널(해남군 문내면)

법정스님 생가 터(해남군 문내면)

를 오가는 철부도선도 있다.

법정 스님 생가도 이 마을에 있다. 1932년 10월 우수영에서 태어난 스님은 목포상고를 졸업하고 전남대학교에 다니다가 출가했다. 무엇보다 맑고 향기롭게 살아가기를 사회운동으로 승화시켰다. 무소유를 실천하며, 무소유로 살다가, 무소유로 갔다. 스님답게 살다가 스님답게 간 스님이다.

법정 스님은 무소유를 '아무것도 갖지 않는 것이 아니라 불필요한 것을 갖지 않는 것'이라고 정의했다. '행복은 결코 많고 큰 데 있는 것이 아니라, 작은 것을 갖고도 고마워하고 만족할 줄 아는 데 있다'고 했다. 맑은 가난은 '넘치는 부(富)보다 훨씬 값지고 고귀한 것'이라고도 했다.

평생 무소유의 삶을 실천하며 우리에게 그 가치를 일깨워준 스님은 2010년 3월 입적했다.

9.
열세한 병력으로
어떻게 일본군 물리칠까

1597년 8월 29일, 진도

우수영관광지
녹진관광지
망금산(진도타워)
벽파항
정유재란순절묘역
왜덕산

진도

이순신이 이끄는 조선수군은 어란진에서 장도를 거쳐 벽파진으로 옮겨 유진을 했다. 이순신은 벽파진에서 열세한 병력으로 어떻게 일본군을 물리칠지 골몰했다. 일본군의 동향을 파악하기 위해 정탐조도 수시로 내보냈다.

이순신이 벽파진에 머무는 동안 '남도 이순신길-조선수군 재건로'도 벽파진을 향해 간다. 우수영에서 진도대교를 건너 녹진관광지와 진도타워를 보고 벽파항으로 간다.

녹진관광지는 진도군 군내면 녹진리에 조성돼 있다. 진도대교 아래 물살 체험장도 있다. 울돌목의 빠른 물살을 눈앞에서 볼 수 있다.

진도대교는 섬이었던 진도를 뭍과 연결해 준 다리다. 해남군 문내면 학동리와 진도군 군내면 녹진리를 길이 484m, 폭 11.7m의 다리로 잇는다. 1984년 10월 준공된 우리나라 최초의 사장교다. 2005년 12월엔 제2진도대교가 완공됐다. '쌍둥이대교'로 불린다.

진도대교 건너 오른편에서 만나는 이충무공 승전공원은 명량대첩을 기념해 진도군에서 조성했다.

같은 울돌목이지만 우수영에서 본 풍경과는 또 다른 풍광이 펼쳐

울돌목과 진도대교(해남군 문내면, 진도군 군내면)

진다. 높이 30m로 국내에서 가장 큰 이순신 동상도 있다. 큰 칼을 손에 들고 울돌목을 호령하고 있다. 해안을 따라 나무 데크로 놓인 산책로도 다소곳하다.

망금산(해발 111.5m) 진도타워에서는 울돌목을 한눈에 내려다볼 수 있다. 울돌목의 거센 물살을 실감한다. 우수영을 배경으로 들어선 진도대교도 위용을 뽐낸다. 물살이 거친 울돌목 위로 떠다니는 해상케이블카도 그림 같은 풍광을 연출한다.

조선수군 재건로는 녹진관광지에서 해안을 따라 강강술래 터를 거쳐 울돌목 무궁화동산을 지난다. 이순신도 명량대첩을 앞두고 만났을 풍경이다.

드넓은 진도 갯벌도 그 길에서 만난다. '개펄선'이라 해도 손색이 없을 만큼 넓다. 면적이 123만 7900㎡에 이른다. 칠게, 낙지 등 다양한 갯벌 생물이 서식하고 있다. S자로 드러난 갯골도 미려하다. 습지보호지역으로 지정돼 있다.

벽파진은 진도 동북쪽 끄트머리에 있는 포구다. 진도군 고군면 벽파리에 속한다. 어란진에서 울돌목으로 가는 해상 길목이다. 오랫동안 진도의 관문 역할을 한 곳으로, 진도대교가 놓이기 전까지 해남 옥동항에서 출발한 배가 여기 닿았다. 삼국시대에는 일본에서 우리나라 남해와 서해를 거쳐 중국까지 이어지는 고대 해로의 일부였다.

벽파진 어귀에 벽파정도 있었다. 1207년(고려 희종 3) 진도와 해남을 잇는 나루터를 개설하며 설치했다. 벽파정은 진도를 출입하는 공식 손님을 맞이하는 공간이었다. 다른 나라 사신, 승진하거나 좌천된 군수, 유배자 등이 오가는 진도의 관문이기도 했다.

이순신 동상과 조형물(진도군 군내면)

고려시대 삼별초 군사들도 이곳을 통해 진도로 들어왔다. 벽파항에서 산등성이를 하나 넘으면 삼별초의 근거지였던 용장산성이다.

삼별초는 1270년(고려 원종 11) 고려가 몽골과 굴욕적인 강화를 맺고 개경 환도를 강행하자 이에 불복하고 대몽항쟁을 결의했다.

용장산성은 강화도에서 내려온 삼별초군이 대몽 항쟁의 근거지로 삼은 성이다. 둘레가 자그마치 13㎞에 이른다. 성 안에는 석축이 웅장한 계단 모양의 행궁 터가 남아 있다.

삼별초군의 패전으로 진도 사람들의 유랑과 고통이 시작됐다. 몽

(위, 왼쪽) 진도갯벌 (위, 오른쪽) 이순신 '조선수군 재건로' 걷기(진도군 군내면)
(가운데) 벽파항과 벽파정(진도군 고군면)
(아래) 용장산성(진도군 군내면)

골군은 진도 사람들을 삼별초군의 부역자로 몰아 포로와 노예로 잡아갔다. 조정의 공도(空島) 정책에 따라 섬도 떠나야 했다.

그럼에도 진도 사람들은 강인한 생명력으로 살아남았다. 누구도 흉내 낼 수 없는 독특한 정서와 문화를 만들어냈다. 진도를 '남도 문화의 보물창고'라고 부르는 이유다.

벽파진 언덕에 이충무공 전첩비가 세워져 있다. 이순신이 명량대첩을 앞두고 일본군과 일촉즉발의 시간을 보냈던 그 바다를 내려다보고 있다.

벽파진은 북서쪽에서 불어오는 바람을 막아주는 야산이 서쪽을 에워싸며 보호하고 있다. 감보도, 석도 등 크고 작은 섬이 파도를 막아준다. 반면 수심이 깊어 천혜의 항구가 됐다.

진도대교가 놓이고 진도의 관문이 옮겨지면서 벽파진은 한적한 마을로 변했다. 포구도 한산해졌다. 포구 한쪽에 벽파정의 흔적이 남아 있다. 이순신이 머물면서 명량해전을 구체적으로 구상했던 공간이다. 이순신은 벽파정과 벽파진 앞바다에서 열세한 병력으로 일본군을 물리칠 전략과 전술을 구상했다. 정탐조를 수시로 보낸 것도 이런 이유에서다.

이순신이 벽파진에 머물던 8월 30일. 배설이 자신의 병졸을 보내 청원을 냈다. 병세가 몹시 중해 몸조리가 필요하다는 것이었다. 이순신은 뭍으로 가서 몸조리를 하고 오라며 흔쾌히 허락했다. 이진에서 겪은 자신의 고통이 생각나서였다.

배에서 내린 배설은 이틀 뒤 도망쳐 버렸다. 회령포에서 무례하게 굴고, 어란진에서는 벌벌 떨고만 있더니 결국 탈영한 것이다. 그것도 일본군을 눈앞에 두고서.

벽파방조제(왼쪽)와 벽파진 전첩비(진도군 고군면)

배설은 여전히 칠천량 해전 패배의 충격에서 벗어나지 못하고 있었다. 10여 척 전함으로 수백 척의 일본군에 맞서는 건 불가능하다고 여긴 듯했다. 배설은 이순신과 조선수군의 앞길에 패배와 죽음만 있을 뿐이라고 판단했을 것이다.

이순신은 당장이라도 배설을 잡아다가 군법으로 다스리고 싶었지만 꾹 참았다. 일본군과의 싸움을 앞둔 상황에서 거기 신경 쓸 겨를이 없었다. 이순신은 대신 제장들의 군기를 다시 점검했다.

9월 3일부터 나흘 동안은 바닷바람이 거칠게 불었다. 된바람이었다. 비가 뿌리고 물결도 높았다. 어찌나 바람이 거세던지 전함이 심하게 요동쳤다. 서로 부딪힐 것만 같았다. 전선이 서로 부딪쳐 부서지지 않도록 된바람 속에서 묶어놓았다.

> 9월 4일. 맑은데 된바람이 세게 불었다. 배가 가만히 있지 못해 각 배들을 겨우 보전했다. 천행(天幸)이었다. _『난중일기』

거센 바람을 견뎌낸 전함을 두고 이순신은 '천행'이라고 했다. 얼마나 비바람이 거칠고 세찼는지 짐작할 수 있는 대목이다.

나흘 만에 바다가 잔잔해지는가 싶더니, 이번에는 추위가 밀려왔다. 가을인데 바닷가는 벌써 겨울로 접어들고 있었다. 밤낮의 기온 차도 컸다. 체감되는 추위는 더 심했다. 이순신은 아직 얇은 옷을 입고 있는 수군과 격군들 생각에 걱정이 앞섰다.

일본군의 계속된 정탐…조선수군 적극 공격

며칠 거세게 불던 된바람이 잦아들었다. 일본군의 동향을 파악하러 나간 탐망군관 임중형이 돌아왔다.

"이진에 일본군 전함 55척이 머물고 있는데, 이 가운데 13척이 선발대로 어란 앞바다에 도착했습니다. 그 뜻이 우리 수군에 있는 것 같습니다."

임중형의 보고를 들은 이순신은 각 전함에 알려 엄중히 경계토록 했다. 9월 7일(양력 10월 17일)이다.

오후 늦게 적선 13척이 조선수군을 향해 돌진해 왔다. 임중형이 보고한 그들이다. 이순신은 전함의 닻을 올려 바다로 나아갔다. 당당히 맞서 공격할 생각이었다.

돌진해 오던 일본 전함이 갑자기 방향을 돌려 달아나기 시작했다. 조선함대는 달아나는 적선을 먼바다까지 쫓아갔다. 바람이 앞에서 불고 조수(潮水)도 거꾸로 흘러 계속 쫓기 어려웠다. 숨어있는 일본군이 있지 않을까 염려도 됐다. 더 이상 쫓는 걸 포기하고 벽파진으로 돌아왔다.

헛수고는 아니었다. 수군의 적극적인 방어와 공격에 적선이 쫓겨

도망갈수록 우리 수군은 강해졌다. 일본군과의 선투에서 이길 수 있다는 자신감도 생겼다. 수군의 사기가 높아지면서 일본군은 더 이상 두려움의 대상이 아니었다.

이순신은 그날 밤 장수들을 불러 모아놓고 말했다.

"오늘 밤에는 아무래도 적의 야습이 있을 것 같다. 여러 장수들은 알아서 준비하라. 조금이라도 명령을 어기는 일이 있으면 군법대로 조치할 것이다."

이순신은 장수들에게 일일이 다짐까지 받았다. 그의 예상대로 자정이 가까워지는 시각, 일본군 전함이 포를 쏘며 기습 공격을 해왔다.

> 9월 7일. 밤 열 시쯤 적선이 포를 쏘며 기습 공격해 왔다. 우리 배들이 겁을 먹는 것 같아 다시 엄명을 내렸다. 내가 탄 배가 곧장 적선 앞으로 가서 지자포를 쏘니 강산이 진동했다. _『난중일기』

모든 장수에게 엄명을 내리고 앞장서 나아간 이순신은 일본 전함을 향해 지자포를 쐈다. 적막하던 밤바다가 포 소리로 진동했다. 일본 전함도 계속 포를 쏘아댔다. 한밤중의 공방전이었다.

생각보다 강하게 나온 조선수군의 기세에 눌렸을까. 일본 전함이 뱃머리를 돌리더니 이번에도 줄행랑을 치기 시작했다. 일본 전함은 포를 쏘며 용용하게 모습을 드러낸 지 두어 시간 만에 완전히 물러갔다.

9월 9일 중양절(重陽節). 예부터 설날, 단오, 추석과 함께 우리 민족이 귀하게 여긴 세시(歲時)다. 나라에서는 임금이 참석하는 제사를 올렸고, 사가에서도 제사 지내거나 성묘를 했다.

일본군을 앞에 두고 있는 데다, 어머니를 여읜 지 얼마 되지 않아 이순신에게는 중양절의 의미가 없었다. 하지만 부모 형제를 뒤로하고 전장으로 나온 군사들은 달랐다.

이순신은 부대 안에 있던 소 5마리를 녹도와 안골포 만호에게 내주고 군사들에게 나눠 먹이게 했다. 소는 지난 9월 초하루에 점세가 제주도에서 가져온 것이었다.

소를 잡아서 군사들에게 먹이고 있는데, 일본 전함 2척이 감보도 (진도군 고군면) 앞까지 와서 조선수군 진영을 정탐하고 있었다. 영등포만호 조계종이 먹던 소고기를 던져두고 벌떡 일어나 쫓아갔다. 이번에도 일본 전함은 곧장 달아났다.

> 9월 9일. 적선 두 척이 어란포에서 바로 감보도로 들어와 우리 배가 많은지 적은지 정탐했다. 영등포만호 조계종이 끝까지 따라갔다. 적들은 어리둥절하며 배에 싣고 있던 물건을 몽땅 바다 가운데로 던져버리고 달아났다. _『난중일기』

중양절은 이순신의 휘하 군사들이 모처럼 배를 듬직하게 채운 하루였다. 군사들의 사기도 그만큼 높아졌다. 이순신은 밤낮을 가리지 않는 일본군의 기습 공격에 대비했다.

날씨가 꾸무럭거렸다. 흐리고 비가 올 것만 같았다.

> 9월 11일. 홀로 배 위에 앉아 있는데 여러 가지 생각에 눈물이 흘렀다. 세상에 어찌 나 같은 사람이 있단 말인가! _『난중일기』

이순신의 뇌리에 지난날들이 주마등처럼 스쳤다. 의금부에서 갖은 고문을 당하고, 백의종군하는 길에 어머니를 여의었다. 칠천량에서 와해된 수군을 재건하며 진도 앞바다까지 와 있는 자신의 처지가 겹쳐 지나갔다.

어머니 생각에 눈물이 흘렀다. 효도를 다 하지 못하고 보내드린 어머니를 떠올리니 가슴 한켠이 무너지는 듯했다. 군사들이 다 지켜보고 있으니 목놓아 울 수도 없었다. 마음이 몹시 아렸다.

같은 시각 일본군 진영에선, 많지도 않은 조선수군의 함대로 인해 육상 진출이 방해받는다는 것에 몹시 불쾌해했다. 곧 대규모 선단을 동원해 밀어버리자는데 의견이 모아졌다. 조선수군과 일본군 사이에 피할 수 없는 전면전이 다가오고 있었다.

결전의 시간 임박…수군진 우수영으로 옮겨

9월 14일. 명량해전을 이틀 앞둔 날이다. 정탐 활동을 나간 임준영이 돌아와서 말했다.

"적선 200여 척 가운데 55척이 이미 어란 앞바다에 들어와 있습니다. 적에게 사로잡혔던 김중걸이 듣고 도망 나와서 한 얘기인데, 우리 수군 10여 척이 쫓아와서 사살하고 불태웠다며 보복을 결의하고, 우리를 모조리 죽인 뒤 한강으로 올라가겠다고 했답니다."

이순신은 정탐 활동을 통해 얻은 정보를 다 믿기는 어려웠지만, 그렇다고 무시할 수도 없었다. 먼저 전령선을 우수영으로 보내 피난민들을 뭍으로 올라가게 했다. 백성이 화를 입지 않을까 염려해서였다.

이순신은 제장들과 함께 일본군의 기습 공격에 대한 방어책을 논의했다. 적은 수의 전함과 군사로 일본군과 어떻게 맞서야 할지 고민은 계속됐다.

원칙은 분명했다. 일본군이 원하는 시간, 좋아하는 장소에서 싸우지 않아야 한다는 것이었다. 전술도 적이 예상할 수 없는 것이어야 했다. 우리 수군의 무기인 활과 화살, 창 그리고 대포를 적절히 활용하는 방안을 찾아야 했다.

이순신은 우리 판옥선과 일본 안택선의 차이를 익히 알고 있었다. 사방에 많은 포를 배치할 수 있는 판옥선과 달리 허약한 안택선은 포를 장착할 수 없었다. 화력에선 분명 우리 수군이 앞섰다.

그럼에도 조선수군의 전력은 일본군과 비교할 수 없을 만큼 차이가 났다. 전함 규모는 물론 군사 수에서도 비교 불가였다. 이순신의 독보적인 전술 가운데 하나인 일자진이나 학익진도 어려운 처지였다. 감당하기 어려운 전력 차이를 어떻게 극복할까?

이순신은 벽파진에 있던 수군진을 우수영으로 옮기기로 했다. 적은 병력과 함대로 많은 수의 일본군과 일본함대에 맞서려면 울돌목의 좁은 해로가 유리하다는 판단에서였다. 빠른 물살이 바닷속 암초에 부딪혀 울면서 소리를 낸다는 울돌목을 감안한 전략을 그린 것이다.

해류가 강하여 일본군이 쉽사리 진격하지 못하리라고 본 것이다. '한 사람이 길목을 지키면 천 명도 두렵게 할 수 있다(일부당경 족구천부, 一夫當經 足懼千夫)'는 이순신의 말은 이 물목을 염두에 둔 지략이다.

1597

조선수군 재건로
44일의 여정

1597년 8월 3일 삼도수군통제사 (재)임명

| 진주/구례 8.3. | 곡성 8.4. | 순천 8.8. | 보성 8.9. | 장흥 8.18. |

진주-손경례의 집

순천-낙안읍성

구례-조선수군출정공원

보성-이순신공원

곡성-섬진강변

장흥-회진(회령포)

진/완도
8.20.

해남
8.20.

진도
8.29.

우수영
9.15.

명량대첩
9.16.

강진/완도-고금대교

우수영-고뇌하는 이순신

해남-이진마을

명량대첩 13대133

진도-벽파진

(왼쪽 위) 망해루와 우수영 (왼쪽 아래) 울돌목에 선 '고뇌하는 이순신' 동상
(오른쪽 위) '조선수군 재건로' 따라 진도대교를 걷는 사람들
(오른쪽 아래) '조선수군 재건로' 따라 걷는 사람들의 우수영 명량대첩비 앞 퍼포먼스

10.
죽고자 하면 살고,
살려고만 하면 죽을 것

—

1597년 9월 15일, 울돌목

벼랑 끝에 몰린 이순신이 택한 곳은 울돌목이다. 울돌목은 폭이 좁고 물살이 빠르기로 유명한 곳이다.

이순신은 조선함대를 이끌고 조수를 따라 수군진을 진도 벽파진에서 해남 우수영으로 옮겼다. 명량대첩을 하루 앞둔 9월 15일이다. 벽파진에서 우수영까지는 멀지 않다.

이순신은 적은 수의 수군으로 울돌목을 등지고 진을 치면 안 된다고 생각했다. 자칫 물살에 밀려버릴 수 있어서다. 울돌목의 좁은 바닷길이 적은 병력으로 일본군의 공격을 막는 데 제격이라고 판단하기도 했다. 강한 해류를 이용하면 일본 전함이 쉽사리 진격하지 못할 것으로 예상했다.

울돌목은 육군과 협공작전을 펴며 한양으로 진격하려던 일본군이 반드시 거칠 수밖에 없는, 서해로 올라가는 길목이었다. 이순신이 그 길목을 지키고 선 것이다.

이순신이 일본함대와 일전을 벌일 장소로 택한 울돌목은 물길의 길이가 2㎞에 이른다. 폭은 가장 좁은 곳이 300m 정도다. 최저 수심 1.9m, 조류 속도는 최대 11.5노트(knot, 배의 속도를 나타내는 단위)에 이른

진도대교와 울돌목의 물살(진도군 군내면, 해남군 문내면)

다. 도로에서라면 시속 20㎞ 이상으로 달리는 셈이다. 뭍의 도로가
아닌, 물길임을 감안할 때 물살이 무척 빠른 곳이다.

울돌목은 넓은 바다에서 갑자기 폭이 좁아지면서 바닷물이 모여
수위가 올라가고, 바닷물이 빠져나가면서 봇물 터지듯이 흐르는 곳
이다. 호리병을 닮은 해역의 유속이 빠르고 바닥이 거칠어 물 흐르는
소리가 20리 밖에서도 들린다는 험한 해협이다. 급류가 서로 부딪혀
울면서 소리를 낸다 하여 지명도 '명량(鳴梁)'이다.

당시 배의 속도는 대략 10노트를 넘지 않았다. 동력을 장착한 오늘날의 배도 엔간해선 물살을 거슬러 운항하지 않는 해협이다.

이순신은 열세인 전함과 수군으로 몇 배나 많은 일본군 함대에 정면으로 맞서 결코 이길 수 없다고 본 것이다. 그의 머릿속은 좁은 해역에서 1대 1의 전투 상황을 그리고 있었다.

한 사람이 길목 지키면 천 명도 두렵게 해

울돌목에 긴장이 감돌면서 전운이 짙게 드리워지고 있었다. 이순신은 모든 장수와 병사들을 불러 모아놓고 역설했다.

"반드시 죽고자 하면 살고, 살려고만 하면 죽을 것이다(필사즉생 필생즉사, 必死則生 必生則死)."

이순신은 제장들에게 여기서 살아나갈 생각을 하지 말라고 했다. 살기 위해선 죽음을 각오해야 한다는 비장한 얘기였다. 조금이라도 명령을 어기면 군법으로 엄히 다스리겠다고도 덧붙였다.

이순신은 이어 "한 사람이 길목을 지키면 천 명도 두렵게 할 수 있다(일부당경 족구천부, 一夫當經 足懼千夫)"면서 반드시 우리가 승리할 것이라고 목소리를 높였다.

> 9월 15일. 병법에 '반드시 죽고자 하면 살고, 살려고만 하면 죽는다'고 했다. 또 '한 사람이 길목을 지키면 천 사람이라도 두렵게 한다'고 했다. 지금 우리를 두고 한 말이다. 여러 장수들은 살려는 생각은 하지 마라! 조금이라도 명령을 어기면 군법으로 다스릴 것이다. 결코 너그럽

진도대교 야경(해남군 문내면, 진도군 군내면)

게 용서하지 않을 것이다. _『난중일기』

모든 장수와 병사들이 일제히 함성을 지르며 호응했다. 군사들의
얼굴에선 비장함이 묻어났다.

그날 밤 이순신의 꿈에 한 신인(神人)이 나타나 '전투에서 어떻게 하
면 이길 수 있고 지게 되는지' 소상히 알려주었다. 신인이 왜 꿈에 나
타났는지 알 수 없는 일이었다.

9월 16일 이른 아침, 망을 보러 나갔던 군관이 돌아와서 "어란진 쪽
에서 헤아릴 수 없을 만큼 많은 적선이 우리가 있는 곳으로 오고 있
다."고 보고했다.

이순신은 바로 제장들에게 닻을 올리라고 했다. 곧바로 나아가서
몰려오는 일본함대를 보니, 헤아릴 수 없을 정도로 많았다. 《이충무
공전서》에 의하면 적선이 330여 척이다. 도저히 상대할 수 없을 만큼

의 규모다.

사실 일본군의 목표는 명량에서의 전투가 아니었다. 이순신이 이끄는 조선수군을 가볍게 물리치고 서해를 거쳐 서울로 올라가는 것이었다. 조선 땅을 누비고 있는 일본군에게 무기와 군량미를 원활히 보급해주는 게 목적이었다.

그 시각, 울돌목의 조류는 거의 멈춘 상태였다. 최대 간조기였다. 덕분에 일본함대는 순한 물흐름을 타고 순풍에 돛 단 듯이 밀려오고 있었다. 일본군은 이때를 이용해 자신들의 최대 장점인 백병전을 펼쳐 조선수군을 물리칠 생각이었다.

이순신은 제장들에게 "간밤의 꿈에 하늘의 신이 나타나 우리가 반드시 승리할 것이라고 했다."며 꿈 이야기를 들려줬다. 적선이 몰려오는 긴박한 순간인데도 꿈 이야기를 꺼낸 것은 병사들을 안정시키기 위해서였다.

이순신은 군함으로 위장하고 우리 수군 뒤쪽에서 머물고 있는 피난선과 어선도 돌아봤다. 수군을 돕겠다고 나선 피난선과 어선이 100여 척이나 됐다. 언뜻 우리 수군 함대처럼 보였다. 완벽한 위장이었다.

어민들은 어선을 도열시켜 놓고 솜이불을 한 채씩 들고 있었다. 적진에서 날아오는 포탄을 물에 적신 솜이불로 막아내겠다는 자세였다. 군사와 온 백성이 똘똘 뭉쳐 하나 된 모습을 본 이순신의 가슴이 뭉클해졌다. 일본군과의 전투에서 반드시 이겨 백성에게 보답해야겠다는 생각뿐이었다.

초요기를 올려라! 조선수병이여, 진군하라!

그 사이, 일본함대가 가까이 다가왔다. 언뜻 이순신은 싸우려는 의사가 없는 것처럼 보였다. 일본군은 조선수군의 형세가 강하지 않다는 걸 눈앞에서 확인하고 이순신의 턱밑까지 다가왔다. 구루시마 미치후사(마다시, 馬多時)가 이끄는 일본함대의 선봉대가 울돌목으로 완전히 들어왔다.

그 순간, 이순신이 탄 전함에서 태평소 소리가 울려 퍼졌다. 조선수군 함대의 깃발도 일제히 올라갔다.

"초요기를 올려라! 조선 수병들이여, 진군하라! 구루시마, 오늘 울돌목 바다가 너의 마지막이 될 것이다."

이순신이 탄 배가 당당하게 나아가기 시작했다. 하지만 나머지 조선수군의 전함은 그 자리에 서서 움직이지 않았다.

> 9월 16일. 적선 130여 척이 우리 배를 에워쌌다. 여러 장수들은, 적은 군사로 많은 적과 싸우는 형세임을 알고 회피하는 꾀만 내고 있었다. 우수사 김억추가 탄 배는 이미 2마장 밖에 있었다. _『난중일기』

일본군의 기세에 놀란 우리 수군은 달아날 꾀만 부리고 있었다. 두려움과 공포가 조선수군의 발목을 잡는 순간이었다.

이순신은 돌진했다. 지자총통과 현자총통을 마구 쏘아댔다. 탄환이 바람처럼 일본전함을 향해 날아갔다. 화살도 빗발처럼 쏘아댔다.

> 9월 16일. 적에게 몇 겹으로 둘러싸여 형세가 어찌 될지 헤아릴 수 없

었다. 배 안에 있는 사람들은 서로 돌아보며 얼굴빛이 질려 있었다. 나는 비교적 부드럽게 타일렀다. "적선이 많다 해도 우리 배를 바로 침범하지 못할 것이니, 조금도 흔들리지 말고 심력을 다해서 적을 쏴라!"

_『난중일기』

이순신의 명령을 들은 수군은 그 자리에서 굼적도 하지 않았다. 뒤로 물러서자니 이순신의 불호령이 무서웠다. 앞으로 나아가자니 일본군이 두려웠다.

이순신에게 가장 큰 적은 우리 수군의 공포심이었다. 울돌목이 한눈에 내려다보이는 망금산에서 전투를 지켜보는 지역주민들은 안타까워하며 발을 동동 굴렀다.

이순신도 이러지도 저러지도 못하는 상황에 빠졌다. 뱃머리를 돌려 장수들에게 군령을 내리자니, 그 순간 일본군이 밀려들 것 같았다. 그렇다고 참전을 주저하는 부하 장수들을 그대로 두고 볼 수도 없었다.

이순신은 더 이상 머뭇거릴 수 없었다. 군사에게 호각을 불게 하고, 중군에게 명령을 내리는 깃발을 다시 세우고 초요기를 올렸다.

중군장 김응함이 탄 전함이 움직이기 시작했다. 거제현령 안위의 전함도 다가왔다.

9월 16일. 나는 배 위에 서서 안위를 부르며 말했다. "안위야! 군법에 죽고 싶냐?" 안위가 황급히 적선에 맞섰다. 김응함도 불러서 말했다. "너는 중군장이 돼서 멀리 피하고 대장을 구하지도 않으니, 그 죄를 어찌 면할 것이냐? 당장 처형하고 싶지만 싸움의 형세가 급하니 우선

해상전투 재연(명량대첩 축제)

공을 세우게 해주마." _『난중일기』

　이순신은 장수들에게 '일본군과 싸우지 않는 자는 자신의 손에 죽을 것'이라는 것을 거듭 각인시켰다.

　안위와 김응함의 전함이 일본군에 돌진했다. 녹도만호 송여종과 평산포대장 정응두의 전함도 달려 나와 싸웠다. 어떤 상황에서도 스스로 앞장선 이순신의 지휘 통솔력이 돋보이는 순간이었다.

　조선함대의 격군들도 힘차게 노를 저었다. 조선전함이 일본전함으로 돌진하며 포를 쏴 올렸다. 현자총통의 포성이 뇌성과 번개를 동반한 우레처럼 들렸다. 탄환이 허공을 가르며 폭풍우처럼 쏟아졌다. 사부(射夫)들은 함선 갑판에 줄지어 서서 화살을 쏘아댔다. 화살이 적진을 향해 빗발처럼 날아갔다.

일본군 전함에 맞선 판옥선의 우위 확인

조선수군의 공격이 시작되자 적선은 갈팡질팡했다. 판옥선을 거북배로 꾸몄기 때문에 예전처럼 함대에 기어올라 백병전을 펼 수도 없었다. 일본군이 생각한 것보다 조선수군의 화력이 만만치 않았다. 조선수군도 필사적으로 맞섰다.

일본전함에 맞선 판옥선의 우위도 확인됐다. 갑판 위에 무거운 포대를 두고 함포를 쏴도 선체에 큰 무리가 없었다. 덕분에 조선수군은 천자총통, 지자총통, 현자총통, 황자총통을 맘껏 발사했다. 좌현에서, 우현에서 그리고 뱃머리를 돌려 정면에서 포를 쏘아댔다. 제자리에서 뱃머리를 사방으로 돌려가며 자유자재로 포를 쐈다.

바닥이 비교적 평평한 평저선인 판옥선은 제자리에서 선회할 수 있었다. 전함이 든든하게 받쳐준 덕에 장거리 함포의 정확도도 높았다.

소나무로 만든 판옥선은 튼실했다. 쇠못과 달리 나무못은 외부의 충격에도 쉽게 풀리지 않았다. 바닷물에 부식될 염려도 없었다.

전함이 무거운 탓에, 노 젓는 격군들이 두 배로 고생하는 건 어쩔 수 없었다. 속도전에도 취약했다. 바닥이 둥근 탓에 바닷물을 헤치는 능력이 약했다. 같은 조건에서 경주를 하면 안택선을 따를 수 없었다. 먼 거리를 항해하는 데 불리했다.

판옥선은 조수 간만의 차가 크고 파도가 센 조선의 바다를 지키는 데 초점을 맞춘 함선이었다. 반면, 일본군의 주력선은 아다케부네(안택선)와 세키부네였다. 대장선 역할을 하는 안택선은 배 위에 집을 두고 있었다. 판옥선보다 컸다. 세키부네는 작았다.

일본전함은 모두 삼나무로 만들어졌다. 함선이 비교적 가벼웠다.

해상전투 재연(명량대첩 축제)

바닥도 뾰족한 첨저선(尖底船)이다. 물살이나 파도를 헤치는 능력이 뛰어났다. 속도전에 유리했다. 장거리 항해에서 비교우위를 점한다. 한일해협의 거친 물살을 헤치고 조선까지 쳐들어오는데 거리낌이 없었다.

하지만 함포의 진동에 약했다. 함포를 배의 돛줄에 묶어두고 여러 명이 잡고 쏴야 했다. 포의 사정거리가 짧고 정확도도 떨어졌다. 소나무와 삼나무 소재의 차이였다.

함포의 취약점을 보완한 일본군의 전술이 접근전과 백병전이다. 일본은 '칼의 나라'답게 백병전에 능했다. 틈만 생기면 판옥선에 접근해 갑판 위로 기어올랐다.

그러나 일본군은 임진·정유재란 때 백병전으로 그리 재미를 보지 못했다. 튼튼한 조선함대와 부딪칠 경우 쇠못이 풀리기 일쑤였다. 나무못을 사용한 판옥선과 쇠못을 쓴 일본전함의 차이였다.

바닷물 역류…포수와 사수 총공격 명령

조선수군의 무차별 공격에 일본전함이 당황하기 시작했다. 우왕좌왕 어찌할 줄을 몰랐다. 조선수군은 그 틈을 이용해 적선에 불화살을 쏘아댔다. 바람의 방향에 따라 불이 붙었다. 불이 옆의 전함으로 옮겨붙기도 했다.

전함의 절대적인 열세에도 조선수군은 당당히 맞섰다. 빈틈없이 전쟁을 준비한 이순신의 전략과 판옥선을 자유자재로 움직이는 격군, 함포를 정확하게 쏘아대는 포수와 화살을 명중시키는 사수의 합작품이었다.

이순신은 전함 위에서 군사들에게 계속 외쳤다.

"반드시 죽고자 하면 살고, 살려고만 하면 죽을 것이다. 죽기를 각오하고 싸워라!"

이렇게 시작된 전투가 한낮까지 계속됐다. 일진일퇴의 공방이 벌어지는 가운데, 바다의 물살이 서서히 평정을 되찾기 시작했다. 시나브로 간조와 만조가 평형을 이뤘다. 바닷물의 물살은 하루 네 번, 평균 6시간 간격으로 방향이 바뀐다.

중천에 뜬 해가 서쪽으로 약간 기울 무렵이었다. 간조였던 바닷물이 만조로 변하면서 역류하기 시작했다. 바닷물의 흐름이 조선수군에 유리하게 바뀐 것이다. 반대로 일본군엔 불리한 흐름이었다. 전쟁의 판도가 바뀌는 순간이다.

조선수군은 이 틈을 이용해 반격했다. 일본전함과 일정한 거리를 유지하면서 부담 없이 공략하기 시작했다. 조선수군의 화살이 일본군을 향해 또다시 빗발처럼 날아갔다.

해상전투 재연(명량대첩 축제)

거제현령 안위와 중군장 미조첨사 김응함의 배가 앞으로 나아가 적선을 쳐부쉈다. 안위와 함께 전함을 탄 수군들은 긴 창과 수마석 (水磨石)으로 일본군을 공격했다. 안위의 군사들이 먼저 공격하고 나면 이순신이 화포를 쏴 일본전함을 한 방에 날려버렸다.

활시위를 당기는 사수들의 손에서 피가 흐르기도 했다. 얼마나 많이 활시위를 당겼는지, 손가락이 칼에 벤 것처럼 상처투성이가 됐다.

우리 수군의 뒤에 선 주민들은 맨몸으로 일본전함의 접근을 막아냈다. 적선에서 날아오는 총탄을 솜이불로 막아내기도 했다. 말 그대로 죽음을 무릅쓴 싸움이었다.

이순신은 "적이 천 척이라도 우리 배에게 덤벼들지 못할 것이다. 모든 힘을 다해서 적선에 포를 쏴라!"고 외쳤다.

전라우수사 김억추, 녹도만호 송여종, 평산포대장 정응두, 순천부사 권준 등 여러 장수와 병사들이 포와 화살을 빗발처럼 날려 보냈다. 지자총통, 현자총통의 포성이 강산을 뒤흔들었다.

서북풍을 탄 조선수군의 함대가 적선을 차례로 공격했다. 조선수군은 나팔 신호에 따라 화공술로 무장한 일본함대를 한꺼번에 공격했다. 조선수군의 맹렬한 공격이 계속됐다.

일본함대 진영에 연기와 불길이 가득했다. 조선함대의 포격을 받은 적선 3척이 격침됐다. 분파되는 적선이 늘어갔다.

이순신은 김억추에게 일본군 대장선을 집중공격할 것을 명했다. 일본군 지휘관은 가죽 갑옷 차림에 금빛 투구를 쓰고 안택선 2층에서 지휘하고 있었다.

조선수군의 사격을 받은 적장이 하나둘 전함에서 바다로 떨어졌다. 그 모습을 가까이에서 본 준사가 소리쳤다.

"장군님! 꽃무늬 옷을 입은 저기, 저 자가 왜장 구루시마 미치후사(마다시)입니다."

준사는 일본군에서 투항해 온 병사다. 하여, 적장의 얼굴을 금세 알아볼 수 있었다. 이순신은 물 긷는 병사를 불러, 바다에 떠다니는 일본군의 사체를 끌어올리도록 했다. 건져 올려진 사체를 살펴본 준사가 적장 구루시마임을 다시 확인했다.

해상전투 재연(명량대첩 축제)

일본전함 갈팡질팡, 일본수군은 혼비백산

이순신은 구루시마의 목을 베어 함대 위에 높이 매달았다. 일본군을 심리적으로 압박하기 위해서였다. 대장 구루시마의 주검을 확인한 일본군이 크게 동요하기 시작했다. 금세 뱃머리를 돌리는 전함도 보였다. 일본군의 사기가 눈에 띄게 꺾이는 순간이다.

이순신은 이때를 놓치지 않고 총공격 명령을 내렸다. 조선수군은 북을 더 크게 울리고 함성을 질러 일본군을 더욱 불안하게 만들었다. 지자총통, 현자총통을 동원한 포격도 더 매섭게 퍼부었다.

승기를 잡은 조선수군은 크고 작은 화살을 모두 적선으로 날려 보냈다. 일본전함이 갈팡질팡하고 일본군이 혼비백산했다. 울돌목의 거센 물살에 갇혀 소용돌이치는 적선도 보였다. 멀리 있는 일본전함이 뱃머리를 돌려 달아나고 있었다.

> 9월 16일. 붉은 비단옷 입은 적장 구루시마를 토막으로 자르게 하니, 적의 기운이 크게 꺾여 버렸다. 적선들은 물러나 달아나고, 다시는 우리 수군에 감히 가까이 오지 못했다. _『난중일기』

울돌목은 아수라장으로 변했다. 일본전함 31척이 물속으로 가라앉았다. 사망자도 4천 명을 헤아렸다. 아직 가라앉지 않은 적선은 모두 도망가느라 정신이 없었다. 줄행랑에 다름 아니었다.

이순신이 탄 배에서 다시 북소리가 울려 퍼졌다. 승전을 알리는 북소리였다. 조선수군들은 울돌목이 떠나가도록 승리의 함성을 외쳤다. 승전가가 명량 바다에 울려 퍼졌다. 짜릿한 대역전승, 13척으로

일군 승리였다.

이순신과 조선수군이 일본함대의 서남해 진입을 완벽하게 막은 것이다. 조선수군이 울돌목에서 일본함대를 저지하지 못했다면, 일본군은 서해를 따라 올라가 뭍의 일본군에게 무기와 군량미를 충분히 보급했을 것이고, 일본군의 조선 유린도 거침이 없었을 것이다.

필사즉생으로 이룬 기적 같은 승리의 기쁨도 잠시, 이순신은 곧바로 다음 전투 준비에 들어간다. 울돌목을 빠져나와 서남해안을 오가며 '무력 시위'를 한 이순신은 고하도를 찾는다. 고하도는 목포 앞바다에 있는 작은 섬이다.

> 10월 29일. 목포로 향하는데, 비와 우박이 섞여 내리고 동풍이 약간 불었다. 보화도(寶花島)로 옮겨 정박하니, 서북풍을 막을 수 있고 배를 감추기에도 아주 적합하다. 육지에 올라서 섬을 돌아보니, 지형이 매우 좋다. _『난중일기』

이순신에게 고하도는 최적의 군사기지였다. 고하도는 제주도와 울돌목으로 가는 길목이고, 서남해와 내륙을 연결하는 영산강의 관문

해상전투 재연(명량대첩 축제)

고하도 이순신 동상(목포시 달동)

이었다. 일본군이 차지하려고 혈안이 된 호남의 곡창지대를 지킬 파수꾼으로 맞춤이었다.

이순신은 고하도에 수군진을 설치했다. 군사들을 모아 전열을 가다듬고 훈련을 시켰다. 전선을 만들고, 군량미도 확보하며 일본군과의 다음 전투에 대비했다.

10월 29일부터 106일 동안 고하도에 머문 이순신은 1598년 2월 16일, 수군진을 완도 고금도로 옮겼다. 이곳에 통제영을 설치하고 일본군과의 마지막 일전을 준비한다. 마지막 전투는 노량해전이다.

승전 현장에 명량대첩비와 전첩비 '우뚝'

울돌목에서의 승리로 조선수군이 제해권을 되찾은 현장 우수영엔 명량대첩비(鳴梁大捷碑)가 세워져 있다. 마을에서 높은 바위 언덕이다.

'명량대첩은 이순신이 재기한 직후 큰 기적을 올린 대회전(大會戰)으로 충무공이 세운 전공(戰功)의 중흥이라 일컬으며, 충무공의 용병과 지리(地利)에 뛰어남은 귀신도 감동케 하였으며, 또 공이 난을 당하여 적을 토벌함에 책략을 결정함이 특출함은 옛 명장들도 이에 미치지 못할 뿐 아니라 충의의 분발은 해와 달을 꿰뚫는다.'

위용을 뽐내는 대첩비는 1688년(숙종 8) 전라우도 수군절도사 박신주가 전라우수영 동문밖에 세운 것이다.

대첩비는 일제강점기에 수난을 겪었다. 일본군에 의해 경복궁 뒤뜰에 버려졌다. 광복 이후 주민들이 가져다가 다시 세웠다. 경복궁에서 서울역으로, 다시 목포역을 거쳐 배편으로 우수영에 옮겨졌다. 항구

우수영 명량대첩비(해남군 문내면). 2023년 9월 이순신 '조선수군 재건로' 따라 걷기 행사 참가자들이 대첩비를 둘러싸고 퍼포먼스를 하고 있다.

에선 주민들이 힘을 합쳐 옮겼다. 선사시대 고인돌 운반 방식을 그대로 활용했다.

울돌목의 물살을 가까이에서 체험할 수 있는 물살체험장도 우수영 관광지에 있다. 울돌목의 물살은 최대 유속 11.5노트에 이른다. 조수간만의 차가 작은 조금 때는 시속 10㎞, 빠른 사리 때는 20㎞쯤 되는 셈이다. 우리나라에서 물살이 가장 빠른 곳이다.

바닷물이 드나드는 바닷가에 '고뇌하는 이순신' 동상이 서 있다. 여느 동상과는 다른 모습이다. 높은 곳에서 호령하는 다른 지역의 동상

우수영 스카이워크(해남군 문내면)

과 달리, 위압적이지 않다. 높이 2m로 그다지 크지 않다. 옷차림도 갑옷 대신 평상복이다. 크고 긴 칼 대신 지도를 들고 선 모습도 색다르다. 시선도 먼 바다가 아닌 앞바다를 내려다보고

있다.

동상은 바닷속 주춧돌 위에
세워져 있다. 울돌목의 물살을
바라보며 나라의 앞날을 걱정
하는 이순신의 모습 그대로다.
바닷물이 밀려들면 이순신의
발목까지 물이 차오른다. 흡사
이순신이 바다 위에 서 있는 것
처럼 보인다. 썰물 때는 주춧돌
아래까지 물이 빠진다. 가장 인
간적인 이순신을 표현한 작품
으로 평가된다. 조각가 이동훈
의 작품이다.

수변무대에 '약무호남 시무
국가(若無湖南 是無國家)'가 새겨진

고뇌하는 이순신상(위)과 이순신 어록비(해남군 문내면)

이순신 어록비도 세워져 있다. 호남이 없으면 국가도 없을 것이라는
말이다. '필사즉생 필생즉사(必死則生 必生則死)'라는 절규도 보인다. 죽기
로 싸우면 반드시 살고, 살려고 비겁하면 반드시 죽는다는 뜻이다.

울돌목 양쪽 해안에 연결해 놓고 일본전함을 유인한 다음, 이를 잡
아당겨 침몰시키는 데 쓴 것으로 전해지는 철쇄도 만들어져 있다. 명
량대첩 기념탑과 기념전시관도 있다. 전시관에는 거북선과 판옥선의
실제 모형, 당시 쓰인 천자총통 등 여러 가지 무기가 전시돼 있다. 마
을 주민들이 대첩비를 옮기는 비용으로 쓰려고 직접 뜬 비석의 탁본
도 볼 수 있다.

정유재란 순절묘역(진도군 고군면)

강강술래 기념비와 전수관도 있다. 기념비는 중요무형문화재였던 강강술래가 2009년 9월 세계무형유산으로 등재된 것을 기념해 세웠다.

노래와 무용과 놀이가 섞인 강강술래는 이순신으로부터 유래됐다고 전해진다. 전라우수영에 진을 치고 있던 이순신이 아군의 열세를 숨기기 위해 마을 부녀자들에게 남자 차림을 시켜 둥근 원을 그리며 돌게 했다는 것이다. 군사가 그만큼 많게 보이기 위한 전술이었다.

해안 데크를 따라 산으로 오르면 우수영전망대가 있다. 울돌목과 우수영 일대를 한눈에 내려다볼 수 있는 곳이다. 여기서 보는 올망졸망 다도해 풍광도 멋진 그림이다.

피섬(혈도)도 있다. 울돌목에서 죽은 일본군의 시신이 떠밀려 내려와 바닷물이 빨갛게 물들었다는 섬이다.

진도군 고군면 도평리에는 '정유재란 순절묘역'이 있다. 정유재란이 끝날 무렵부터 조성됐다. 묘역 면적은 5만553㎡, 여기에 232기의 무덤이 있다.

진도 사람으로 명량대첩 때 전사한 관군 조응량을 비롯하여 그의 아들 조명신, 박헌, 김성진, 김홍립 등의 무덤이다. 이름 없이 전쟁에

왜덕산(진도군 고군면)

참여하고, 이름도 밝혀지지 않은 채 죽어간 현지 주민의 무덤도 헤아
릴 수 없을 만큼 많다.

사당에는 30위의 위패가 모셔져 있다. 이름이 새겨진 위패도 있지
만, 무명용사의 위패도 있다. 이름도 남기지 못하고 숨진 옛사람의 희
생까지 잊지 않으려는 진도 사람들의 마음을 엿볼 수 있다.

지역에서는 당시 희생자를 기리고 추모하는 추모제를 해마다 지낸
다. 더 이상 전쟁이 없는, 평화로운 세상을 염원하면서….

고군면 내동리에 왜덕산도 있다. '일본군에게 덕을 베풀었다' 하여
왜덕산(倭德山)이다. 울돌목에서 조선수군에 의해 수장된 일본군 시신
100여 구가 내동마을까지 떠내려오자 주민들이 거둬 여기 묻었다고
한다.

2006년 8월엔 왜덕산에 묻힌 일본군의 후손 20여 명이 이곳을 찾
아 참배하고 마을 주민들에게 고마움을 표했다. 묘는 개간 과정에서

262

일부 유실되고 현재 50여 기가 남아 있다. 전쟁의 폐해와 함께 평화의 의미를 그려볼 수 있는 곳이다.

진도 벽파항에는 이충무공 전첩비가 세워져 있다. 한국전쟁 직후인 1956년 진도군민과 교직원들이 성금을 모아 세웠다.

벽파진 푸른 바다여! 너는 영광스런 역사를 가졌도다. 민족의 성웅 충무공이 가장 외롭고 어려운 고비에 빛나고 우뚝한 공을 세우신 곳이 여기더니라. 옥에서 풀려나와 삼도수군통제사의 무거운 짐을 다시 지고서 병든 몸을 이끌고 남은 배 십이 척을 겨우 거두어 일찍 군수로 임명되었던 진도 땅 벽파진에 이르니 때는 공이 53세 되던 정유년 8월 29일. 이때 조정에서는 공에게 육전을 명령했으나 공은 이에 대답하되 '신에게 아직도 십이 척의 전선이 남아 있삽고 또 신이 죽지 않았으니 적이 우리를 업신여기지 못하리이다' 하고 그대로 여기 이 바다를 지키셨나니, 예서 머무신 십육 일 동안 사흘은 비 내리고 나흘은 바람 불고 맏아들 회(薈)와 함께 배 위에 앉아 눈물도 지으셨고, 9월 초 칠일에는 적선 13척이 들어옴을 물리쳤으며, 초 구일에도 적선 2척이 감포도(甘浦島)까지 들어와 우리를 엿살피다 쫓겨났는데, 공은 다시 생각한 바 있어 십오 일에 우수영으로 진을 옮기자 바로 그 다음 날 큰 싸움이 터져 열두 척 적은 배로 삼백삼십 척의 적선을 모조리 무찌르니 어허 통쾌할사 만고에 길이 빛날 명량대첩이여. 그날 진도 백성들은 모두 달려 나와 군사들에게 옷과 식량을 나누었으며 이천구, 김수생, 김성진, 하수평, 박헌, 박희령, 박후령과 그의 아들 인복 또 양응지와 그 조카 계원, 그리고 조탁, 조응양과 그 아들 명신 등 많은 의사들은 목숨까지 바치어 천추에 호국신이 되었나니 이는 진실로 진도민의 자랑이로다. …(후략)…

노산 이은상이 글을 쓰고 소전 손재형이 글씨를 쓴 전첩비의 일부분이다. 국문과 한문을 섞어 쓴 우리나라 최초의 비석이다.

비면에 새겨진 888글자(한자 272자, 한글 616자) 모두 다른 글씨체로 쓰여진 것도 색다르다. 단순한 글씨가 아닌, '글씨작품'을 써야 한다는 소전의 평소 생각이 담겨 있다.

바다의 중요성 알았던 이순신,
지금 우리는?

　명량대첩은 이순신의 전략과 전술이 빛나는 승리였다. 전라도 백성의 헌신과 희생으로 재건한 조선수군과 함께 거둔 값진 승리였다. 막강한 화력과 전투력을 갖춘 판옥선도 일본전함을 압도했다.

　명량대첩은 이순신과 조선수군 그리고 전라도 지역민과 함께 일궜다. 하나부터 열까지 모든 전투 준비가 전라도 일대에서 이뤄졌다. 목숨 걸고 싸운 수군은 물론, 수군으로 위장한 향선과 판옥선을 이끈 격군도 매한가지다. 보이지 않는 곳에서 처절하게 노를 저은 격군은 대부분 연안의 주민들이었다.

　해역의 특성과 조류를 이용한 관방전술의 길라잡이도 지역민 몫이었다. 현지 지리와 사정, 물길을 아는 지역민들이 이순신의 리더십과 만난 덕분이다. 전라도 내륙에서 의병의 항전과 주민들의 응원도 빼놓을 수 없다.

　이순신이 4년 전(1593) 명쾌하게 정리한 '약무호남 시무국가(若無湖南 是無國家)'였다. 호남이 없으면 국가도 없었다는 말 한마디로 정리되는 전투였다.

남도 백성과 함께 바닷길 조붓한 울돌목에서 일본군을 물리치고 조선을 구한 이순신은 그렇게 역사의 영웅이 됐다. 갖은 고통과 좌절, 절망을 딛고 다시 일어서 '성웅'이 됐다.

명량대첩은 임진왜란 때 벌어진 여러 해전 가운데 하나가 아니었다. 명량대첩은 임진왜란의 변곡점이 됐다.

칠천량 해전에서 조선수군이 궤멸하면서 잃은 제해권을 두 달여 만에 되찾은 쾌거였다. 바다를 통한 보급 계획이 무산된 일본군은 전투를 해 나갈 동력을 잃었다. 조선 상륙의 꿈도 접을 수밖에 없었다.

임진왜란의 승패는 바다에서 결정됐다 해도 결코 지나친 말이 아니다. 이순신은 바다의 중요성을 누구보다도 잘 알고 있었다. 그 바다를 누비며 백성을 지키고 나라도 살렸다.

그러나 지금 우리는, 바다의 중요성에 대해 얼마나 인식하고 있나? 혹여 잊고 지내는 건 아닐까?

일찍이 장보고도 바다를 경영했다. 완도에 청해진을 설치하고 국제 해상무역을 주도했다. 그러나 장보고는 반역의 누명을 쓰고 역사의 뒤안길에서 왜곡됐다. 주변인으로 치부되며 우리의 뇌리에서 잊혀졌다.

중국이나 일본, 영국 등 해양 개척에 국운을 건 민족은 달랐다. 장보고를 21세기의 표상으로 숭상했다. 중국 영성시에서는 우리 독립기념관보다도 큰 장보고기념관과 동상을 세워 장보고를 기린다. 일본에서도 그를 신격화하고 있다.

한때 우리는 배를 가장 잘 만드는 나라, 최강의 조선(造船) 국가였다. 조선업과 수출을 바탕으로 해운업까지 호황을 누렸다.

지금은 옛 기억 속의 일이 됐다. 우리가 섬과 바다를 멀리한 탓이다.

일상에서 '이순신의 바다'와 '장보고의 바다'를 잊고 살았기 때문이다.

우리나라 지도를 거꾸로 봐야 한다. 지도를 거꾸로 세우면, 우리 앞에 큰바다 태평양이 펼쳐진다. 그 바다의 중심에 대한민국이 자리한다. 그 자리에 이순신과 장보고를 내세워야 한다.

바다를 바라보는 시선을 바로 하고, 우리가 잊고 지낸 그 바다를 되찾아야 한다. 오늘을 사는 우리가 지금 해야 할 일이다. 그것만이 살 길이다. 바다가 우리의 미래를 결정할 날이 성큼성큼 다가오고 있다.

조선수군 재건로 주요 현장
찾아가는 길

1. 이순신은 어디서 뭘 하고 있었나?

거제 칠천량해전공원	경남 거제시	하청면 칠천로 265-39
진주 손경례의 집	경남 진주시	수곡면 덕천로 504번길 15
진주 진배미 유적비	경남 진주시	수곡면 원계리 717-1

2. 조선수군 재건, 절체절명의 순간에 서다

진주 손경례의 집	경남 진주시	수곡면 덕천로 504번길 15
하동 강정	경남 하동군	옥종면 문암리 산1-9
하동 박경리 문학관	경남 하동군	악양면 평사리길 79
하동 동정호 지방정원	경남 하동군	악양면 평사리 305-2
하동 화사별서	경남 하동군	악양면 정동상신길 73-13
구례 석주관	전남 구례군	토지면 송정리 산171-1
구례 칠의사묘	전남 구례군	토지면 송정리 산171-1
구례 섬진강어류생태관	전남 구례군	간전면 간전중앙로 47
구례 운조루	전남 구례군	토지면 운조루길 59
구례 곡전재	전남 구례군	토지면 곡전재길 15-2
구례 쌍산재	전남 구례군	마산면 장수길 3-2
구례 사성암	전남 구례군	문척면 사성암길 303
구례읍 행정복지센터	전남 구례군	구례읍 봉성산길 12
구례 명협정	전남 구례군	구례읍 봉성산길 12
구례 조선수군 출정공원	전남 구례군	구례읍 봉북리 258
구례 섬진강 대숲길	전남 구례군	구례읍 원방리 1

3. 섬진강변 따라 숨 가쁘게 달려 곡성·옥과로

구례구역	전남 순천시	황전면 섬진강로 217
구례 섬진강책사랑방	전남 구례군	구례읍 섬진강로 46
곡성 압록유원지	전남 곡성군	죽곡면 섬진강로 1012
곡성 가정역	전남 곡성군	오곡면 섬진강로 1465
곡성 섬진강천문대	전남 구례군	구례읍 섬진강로 1234
곡성 도깨비공원	전남 곡성군	고달면 호곡도깨비길 119-97
곡성 섬진강 기차마을	전남 곡성군	오곡면 기차마을로 232
곡성군청	전남 곡성군	곡성읍 군청로 50
곡성성당	전남 곡성군	곡성읍 읍내11길 20
곡성 청계동계곡	전남 곡성군	곡성읍 신기길 49-4
곡성 함허정	전남 곡성군	입면 제월리 1016
곡성 군지촌정사	전남 곡성군	입면 청계동로 908-4
곡성 설산정공원	전남 곡성군	옥과면 대학로 149
곡성 도산사	전남 곡성군	옥과면 합강리 182
곡성 의마총	전남 곡성군	옥과면 송전종방길 222
곡성 겸면목화공원	전남 곡성군	겸면 곡순로 1860
곡성 능파정 터	전남 곡성군	석곡면 능파리 492
곡성 석곡면 행정복지센터	전남 곡성군	석곡면 석곡로 70

4. 청야책에서 살아남은 병참창고를 찾아서

순천 부유창	전남 순천시	주암면 창촌리 371-2
순천 학구삼거리(신촌마을회관)	전남 순천시	서면 신촌길 21
순천왜성	전남 순천시	해룡면 신성리 산1
순천 충무사	전남 순천시	해룡면 신성2길 145
순천 정유재란 역사공원	전남 순천시	해룡면 쟁골길 2
순천 접치	전남 순천시	승주읍 두월리-주암면 행정리
순천 학구마을(마을회관)	전남 순천시	서면 학구길 63
순천부읍성(남문 터 광장)	전남 순천시	중앙로 93(영동)
순천 팔마비	전남 순천시	중앙로 95(영동)
순천 중앙시장	전남 순천시	중앙시장길 18(남내동)
순천 옥계서원	전남 순천시	명말2길 20(연향동)
순천만 국가정원	전남 순천시	국가정원1호길 47(오천동)

순천만 생태공원	전남 순천시	순천만길 513-25(대대동)
순천 낙안읍성	전남 순천시	낙안면 평촌리 6-4
순천 뿌리깊은나무박물관	전남 순천시	낙안면 평촌3길 45

5. 군량미 확보했는데 조선수군 철폐라니

보성 벌교역	전남 보성군	벌교읍 채동선로 228
보성 횡갯다리(홍교)	전남 보성군	벌교읍 벌교리 895-3
보성 현부자네 집	전남 보성군	벌교읍 홍암로 89-28
보성 중도방죽	전남 보성군	벌교읍 회정리 719-6
보성 태백산맥문학관	전남 보성군	벌교읍 홍암로 89-19
보성 징광문화	전남 보성군	벌교읍 원징광길 39
보성 고내마을(마을회관)	전남 보성군	조성면 고내길 39
보성 조양창 터	전남 보성군	조성면 우천리 11-1
보성 우천리 삼층석탑	전남 보성군	조성면 우천리 326-17
보성 석조인왕상	전남 보성군	조성면 봉능리 188
보성 파청승첩비	전남 보성군	득량면 예당리 산112
보성 양산항 집터	전남 보성군	득량면 송곡리 328-1
보성 고차수	전남 보성군	득량면 다전길 33-13
보성 득량역	전남 보성군	득량면 역전길 28
보성 이진래 고택	전남 보성군	득량면 강골길 34-6
보성 열화정	전남 보성군	득량면 강골길 32-17
보성 충절사	전남 보성군	득량면 충의로 1651
보성 백범 김구 은거기념관	전남 보성군	득량면 쇠실길 22-45
보성군청	전남 보성군	보성읍 송재로 165
보성 열선루	전남 보성군	보성읍 열선루길 2
보성 방진관	전남 보성군	보성읍 새싹길 81-10
보성 오충사	전남 보성군	보성읍 중앙로 80
보성 활성산성	전남 보성군	보성읍 봉산리 산159-1
보성 한국차박물관	전남 보성군	보성읍 녹차로 775
보성 봇재	전남 보성군	보성읍 녹차로 750
보성 율포해변	전남 보성군	회천면 동율리 544-13
보성 율포해수풀장	전남 보성군	회천면 우암길 8
보성 비봉 선소	전남 보성군	득량면 공룡로 806-32
보성 비봉 공룡알 화석지	전남 보성군	득량면 비봉리 635-3

보성 백사정(명교마을)	전남 보성군	회천면 벽교리 530-6
보성 군영구미(군학마을)	전남 보성군	회천면 전일리 883-2
장흥 충현사	전남 장흥군	안양면 학송길 35-5

6. 병참활동 끝내고 조선전함과 함께 바다로

장흥 수문해변	전남 장흥군	안양면 수문리
장흥 수문항	전남 장흥군	안양면 수문리 151-42
장흥 소등섬	전남 장흥군	용산면 상발리 산225
장흥 방촌유물전시관	전남 장흥군	관산읍 장흥대로 1645
장흥 존재고택	전남 장흥군	관산읍 방촌길 91-32
장흥 죽헌고택	전남 장흥군	관산읍 방촌길 101
장흥 오헌고택	전남 장흥군	관산읍 방촌1길 44
장흥 장천재	전남 장흥군	관산읍 천관산길 148-1
장흥 천관산문학공원	전남 장흥군	대덕읍 연지리 산109-1
장흥 삼산리 후박나무	전남 장흥군	관산읍 삼산리 324-8
장흥 사금마을(마을회관)	전남 장흥군	관산읍 사금길 35
장흥 정남진전망대	전남 장흥군	관산읍 정남진해안로 242-58
장흥 정남진 해양낚시공원	전남 장흥군	회진면 해양낚시길 135
장흥 회령진성	전남 장흥군	회진면 회진리 1755
장흥 선학동(마을회관)	전남 장흥군	회진면 선학동길 21
장흥 천년학 세트장	전남 장흥군	회진면 회진리 1740-1
장흥 이청준 생가	전남 장흥군	회진면 진목1길 2

7. 해상에서 적응 훈련하며 전투 준비 시작

강진 마량항	전남 강진군	마량면 미항로 150
강진 마도진성	전남 강진군	마량면 마량리 988-5
강진 서중마을(마을회관)	전남 강진군	마량면 서중길 12
강진청자박물관	전남 강진군	대구면 청자촌길 33
강진 고바우공원	전남 강진군	대구면 청자로 1606
강진 가우도 출렁다리	전남 강진군	대구면 중저길 15-34
강진 가우도 출렁다리	전남 강진군	도암면 신기리 123-4
강진 사충묘	전남 강진군	칠량면 단월리 산61

강진 영랑생가	전남 강진군	강진읍 영랑생가길 15
강진 사의재	전남 강진군	강진읍 사의재길 27
강진 금강사	전남 강진군	강진읍 효자길 38-24
강진 양건당 애마지총	전남 강진군	작천면 구상길 43
강진 다산초당	전남 강진군	도암면 다산초당길 68-35
강진 다산유물전시관	전남 강진군	도암면 다산로 766-20
강진 백련사	전남 강진군	도암면 백련사길 145
완도 고금대교	전남 완도군	고금면 고금로 1177
완도 충무사	전남 완도군	고금면 세동84번길 86-31
완도 월송대	전남 완도군	고금면 세동84번길 86-31
완도 관왕묘비	전남 완도군	고금면 세동84번길 86-31
완도 삼도수군통제영	전남 완도군	고금면 덕동리 산42-1
완도 장보고대교	전남 완도군	고금면 상정리
완도 신지명사십리해변	전남 완도군	신지면 신리
완도 신지대교(휴게소)	전남 완도군	신지면 송곡리 746-2
완도 장도(청해진 유적)	전남 완도군	완도읍 장좌리 787
완도 장보고기념관	전남 완도군	완도읍 청해진로 1455
완도 장군샘	전남 완도군	완도읍 장좌리 35-4
완도수목원	전남 완도군	군외면 초평1길 156
완도대교	전남 완도군	완도읍 원동리

8. 만신창이 된 이순신, 몸 추스르고 다시 바다로

해남 이진진성	전남 해남군	북평면 이진리 1227
해남 달량진성	전남 해남군	북평면 남창리 282-7
해남 땅끝조각공원	전남 해남군	송지면 땅끝해안로 2785
해남 갈두항	전남 해남군	송지면 송호리 1127-22
해남 땅끝전망대	전남 해남군	송지면 땅끝마을길 100
해남 땅끝해양자연사박물관	전남 해남군	송지면 땅끝마을길 89
해남 송호해변	전남 해남군	송지면 땅끝해안로 1827
해남 대죽마을	전남 해남군	송지면 소죽길 81-6
해남 미황사	전남 해남군	송지면 미황사길 164
해남 달마산 도솔암	전남 해남군	송지면 마봉리 산87-1
해남 어란진	전남 해남군	송지면 어란리
해남 우수영성 터	전남 해남군	문내면 선두리 산1661

해남 우수영관광지	전남 해남군	문내면 학동리 1021
해남 우수영 방죽샘	전남 해남군	문내면 우수영북문길 3
해남 명량대첩비	전남 해남군	문내면 우수영안길 34
해남 충무사	전남 해남군	문내면 우수영안길 34
해남 망해루	전남 해남군	문내면 서상리 115
해남 우수영항	전남 해남군	문내면 우수영안길 96
해남 법정스님 마을도서관	전남 해남군	문내면 우수영안길 79-1

9. 열세한 병력으로 어떻게 일본군 물리칠까

진도대교	전남 진도군	군내면 녹진리
진도 녹진관광지	전남 진도군	군내면 명량대첩로 7
진도 이충무공 승전공원	전남 진도군	군내면 녹진리 1-78
진도타워(망금산)	전남 진도군	군내면 만금길 112-41
진도 강강술래 터	전남 진도군	군내면 녹진리 산2-146
진도 무궁화동산	전남 진도군	군내면 둔전리 1-14
진도 갯벌습지	전남 진도군	군내면 둔전리
진도 벽파항	전남 진도군	고군면 벽파리 740-5
진도 이충무공 전첩비	전남 진도군	고군면 벽파리 산682-4
진도 용장산성	전남 진도군	군내면 용장산성길 92

10. 죽고자 하면 살고, 살려고만 하면 죽을 것

해남 우수영 명량대첩비	전남 해남군	문내면 우수영안길 34
해남 우수영 물살체험장	전남 해남군	문내면 학동리 1467-10
해남 고뇌하는 이순신 동상	전남 해남군	문내면 학동리 1021
해남 강강술래 전수관	전남 해남군	문내면 관광레저로 12
진도 피섬	전남 진도군	군내면 녹진리 산306
진도 정유재란 순절묘역	전남 진도군	고군면 도평리 산117-3
진도 왜덕산	전남 진도군	고군면 내산리 산162
진도 이충무공 전첩비	전남 진도군	고군면 벽파리 산682-4

삶의 행복을 꿈꾸는 교육은
어디에서 오는가?

미래 100년을 향한 새로운 교육

혁신교육을 실천하는 교사들의 **필독서**

● **교육혁명을 앞당기는 배움책 이야기** 혁신교육의 철학과 잉걸진 미래를 만나다!

● **경쟁과 차별을 넘어 평등과 협력으로 미래를 열어가는 교육 대전환!** 혁신교육 현장 필독서